1ª edição | agosto de 2012 | 8.000 exemplares
2ª reimpressão | agosto de 2012 | 5.000 exemplares
3ª reimpressão | fevereiro de 2014 | 2.000 exemplares
4ª reimpressão | outubro de 2015 | 2.000 exemplares
5ª reimpressão | agosto de 2024 | 150 exemplares

Copyright © 2012 Casa dos Espíritos

CASA DOS ESPÍRITOS EDITORA
Avenida Álvares Cabral, 982, sala 1101
Belo Horizonte | MG | 30170-002 | Brasil
Tel.: +55 (31) 3304-8500
editora@casadosespiritos.com.br
www.casadosespiritos.com.br

Edição, preparação e notas
Leonardo Möller

Projeto gráfico, editoração e fotos
Andrei Polessi

Revisão
Laura Martins

Foto do autor
Douglas Moreira

Impressão e acabamento
Forma Certa

PELAS RUAS DE CALCUTÁ

Dados Internacionais de Catalogação na Publicação (CIP)
(Câmara Brasileira do Livro, SP, Brasil)

Calcutá, Teresa de (Espírito).
    Pelas ruas de Calcutá / pelo espírito Teresa de
Calcutá ; [psicografia] Robson Pinheiro. – Contagem,
MG : Casa dos Espíritos Editora, 2012.
Bibliografia.

    ISBN 978-85-99818-23-7

    1. Espiritismo 2. Psicografia I. Pinheiro,
Robson. II. Título.

12-09802   CDD-133.93

Índices para catálogo sistemático:
1. Mensagens psicografadas : Espiritismo
133.93

pelo espírito Teresa de Calcutá

ROBSON PINHEIRO

PELAS RUAS DE CALCUTÁ

 casa**dos**espíritos

Sumário

INTRODUÇÃO

pelo espírito
Teresa de Calcutá

AOS SÁBIOS, AOS ENTENDIDOS do mundo, aos meus leitores da vida, aos pobres de espírito e entendimento, venho mais uma vez transformar meus pensamentos em palavras. Não são palavras delicadas, tampouco a repetição daquilo que você deseja ouvir. Falo para incomodar. E muito.

Acredito piamente que nós, os cristãos da atualidade, acomodamo-nos em nossa maneira de ver e interpretar as necessidades alheias. Nossos conceitos carecem de revisão e de abertura mais ampla, assim como o cristianismo por nós praticado precisa urgentemente ser reinventado; não é preciso muita sensibilidade para perceber que o recheamos de tanto peso e tantas interpretações, que considero urgente uma releitura dos conceitos trazidos por Cristo há mais de 2 mil anos. Caridade, fraternidade, fome, pobreza, oferta ou doação, Evangelho e mais alguns dos temas abordados por Cristo precisam ser revisitados, mas não com a cautela comum nas pessoas politicamente corretas, que fazem de tudo para não desagradar ninguém e não se definem espiritualmente.

Falo com a mesma firmeza com que falava antes, junto às pessoas de poder, aos religiosos e representantes da comunidade. Sendo assim, venho para incomodar os que dormem espiritualmente. Falo para sacudir aqueles que não se envolvem com a causa dos pobres ou "pobres de espírito";[1] dirijo-me aos que não simpatizam com os necessitados, aos religiosos que não conseguem ultrapassar a barreira de suas crenças pessoais e, também, àqueles que fazem uso do pobre para se promover social, política e espiritualmente. Não esperem, portanto, que minhas palavras agradem quem não se interessa verdadeiramente pela caridade legítima, genuína.

Quem permanece em seu apartamento curtindo sua vida, quem se ilude querendo conviver com pessoas mais delicadas, educadas, elegantes e belas; a esses, minhas palavras irão incomodar. Quem deseja acomodar-se, isolar-se da causa dos pobres e evitar lidar com as pessoas mais comuns, de hábitos de vida mais simples, embora nem sempre humildes, minhas palavras irão sacudir, mexer, penetrar profundamente como um bisturi num corpo necessitado de cirurgia. Resolvi falar co-

---

[1] Cf. Mt 5:3. Embora Lc 6:20 fale apenas em "pobres", como a autora espiritual o fará ao longo desta obra inúmeras vezes, é de se depreender que ambos se referem a algo muito além das posses materiais.

piando o jeito de Cristo quando falava não aos necessitados, mas aos discípulos, aos fariseus, aos homens considerados inteligentes e sábios de seu tempo.

Não falo para agradar professores, alunos, religiosos; não meço palavras para despertar as almas adormecidas na ilusão de suas concepções ou crenças pessoais. Filosofia não trouxe a mim nenhuma felicidade; não encontrei explicações satisfatórias para o impulso que me levou ao encontro das causas perdidas ou dos pobres do mundo. Estas palavras se destinam aos que dormem, aos que se encastelam em suas concepções religiosas e ainda não acordaram para a necessidade de transformar sua filosofia e suas explicações politicamente corretas em vivências reais e em Evangelho genuíno, vivido, sentido no cotidiano.

Sob essa ótica, não posso medir palavras nem ser o exemplo de suavidade e mansuetude que alguns esperam de mim. Nestas palavras aqui escritas, continuo eu mesma, firme, direta, veraz, contundente. Seja nas esquinas do mundo, no trato com Jesus, nas orações que elevo a Cristo ou no lidar com as pessoas que encontro pelas vias do mundo ou pelas ruas de Calcutá, continuo sendo eu mesma, a Teresa dos pobres, Teresa de Deus, Teresa do povo. Esta sou eu, Teresa de Calcutá.

1

VOLTAR À SIMPLICIDADE DO COMPROMISSO

Até quando, ó simples, amareis a simplicidade?

Provérbios 1:22

N A MINHA VIDA procurei ao máximo simplificar as coisas ao meu redor. É claro que isso não foi nem é fácil, principalmente para quem tem o compromisso com a verdade, com o bem e com Cristo. Pois os homens, ao longo dos séculos, fizeram das questões espirituais algo cheio de complexidade.

Na atualidade, encontramos um sistema religioso que faliu em muitos sentidos. Mesmo assim, considerando-se sua grande penetração nas diversas camadas da sociedade e o poder que detém de influenciar multidões mundo afora, pode ser bastante útil à renovação do ser e à retomada de valores éticos e da fé do homem em si mesmo e em Deus.

Ocorre que, ao longo do tempo, esse sistema foi se complicando. Apareceram enxertos de doutrinas, formação de um sistema de poder religioso-temporal, supervalorização de ritos e práticas de caráter estritamente religioso, aspectos que podem contribuir para nublar a visão espiritual de muita gente. Isso se deu porque, ao longo da história, a maior parte dos líderes e representantes da religião a recheou de inúmeras coisas consideradas boas para o momento em que viviam, mas que, com o passar dos anos, transformaram-se em peso morto, mostraram-se verdadeiras inutilidades frente à necessidade de abertura da visão espiritual e à humanização no meio religioso.

Lembro-me do comportamento dos escribas e fariseus da época de Cristo e me pergunto se, em nossa versão do cristianismo, não estamos copiando algo semelhante ao sistema farisaico. Será que muitos dos enxertos e da chamada modernização das práticas cristãs não se afiguram obstáculo para aqueles que buscam o caminho da espiritualidade ou que a ele deveriam ser conduzidos? Pergunto isso devido a meus questionamentos íntimos em face dos ensinamentos de Cristo e da simplicidade de sua filosofia de vida, expressa nos santos Evangelhos.

Enquanto isso, nós, os cristãos da atualidade, fazemos, por exemplo, reuniões e mais reuniões, mas pecamos em lances elementares, tais como estabelecer quem executará o quê e em que prazo, ou como se implementará o que foi decidido. Pois somos campeões em reuniões de planejamento e estratégia, algo que seria muito produtivo e bom, caso as decisões fossem postas em prática, em sintonia com a mensagem cristã. À medida que reflito, tenho deparado com uma interrogação cuja resposta será importante para mim, para conseguir organizar meus próximos passos da vida espiritual. É que, ao passo que nos ocupamos de métodos, modelos e estratégias, corremos o risco de nos ver com muitas ideias e poucas realizações. Embora cheios de boa vontade, temo que possamos acabar impedindo os membros da comunidade onde atuamos, assim como aqueles que nos buscam à procura de respostas a seus questionamentos e necessidades, de encontrar ou palmilhar os caminhos de sua espiritualidade, da maneira que lhes pareça satisfatória.

Será que isso não equivale ao que escribas e fariseus faziam à sua época?[1] Será que não corremos o risco de ressuscitar o farisaísmo na prática cristã, numa roupagem mais refinada e moderna? Esses são questionamentos que faço a mim mesma ao entrar em contato com os ensinos dos Evangelhos e analisar os caminhos que temos tomado nos últimos 2 mil anos. Sinceramente, ainda não tenho resposta para muitas das dúvidas que assomam a minha mente. Exatamente como você, também estou apenas procurando aprender e acredito que não posso aprender sem questionar, sem refletir,

[1] Cf. Mt 23:13.

por mais que isso aflija qualquer um de nós.

Então me vejo pensando nas pessoas que encontrei pelas ruas de Calcutá, pelos becos do mundo ou nos redutos de dor por onde andei. Questiono se os modelos de planejamento, os templos suntuosos, os métodos mais requintados de educação têm cumprido sua função, desempenhando um dos papéis que julgo mais importantes para a vida cristã, que é amparar os convidados de Jesus ou fazê-los pessoas melhores. Não sei bem se tenho resposta para essas indagações, mas me atrevo a indagar. De que servem os movimentos de renovação, os decretos papais, o batismo do espírito ou as iniciações das religiões do mundo se não tornam melhores os envolvidos ou se não resgatam a dignidade do ser humano? Para quê? Para que tudo isso?

Em minha pequenez, acho que precisamos resgatar a simplicidade com a máxima urgência. Não falo da simplicidade que beira a mediocridade, ou que é confundida facilmente com desleixo. Digo da simplicidade ao viver o cristianismo, na sua expressão mais pura ou genuína – pois entendo que a essência do cristianismo não são as doutrinas ou os ensinamentos, nem mesmo os dos apóstolos ou dos pais da igreja, tampouco dos pastores e dos intérpretes modernos. Vejo o cristianismo, em seu cerne, como a ação – o amor em ação –, exatamente como o fez Cristo, sem se ocupar em elaborar teologias ou erigir doutrinas. Ele apenas amou e serviu, nada mais. É assim que falo dessa maneira de simplificar a vida cristã, de deixar de lado as filosofias mirabolantes que intentam complicar a simplicidade do amor.

Quem sabe tenhamos a coragem de proclamar que cristianismo não é o *show* que chama atenção para o padre, a irmã de caridade ou o representante da música gospel? Isso tudo é muito bonito, mas fico a indagar quem, afinal, está sendo louvado e sobre que base e ensinamento esta nova mentalidade quase cristã tem-se erguido. Vejo tantos se movimentando, arregimentando seguidores, sendo aplaudidos como missionários e não vejo muita coisa sendo feita para melhorar o mundo. Muitas interpretações do Evangelho e pouco Evangelho.

Então, quando defendo simplificar as coisas, falo em voltar a Cristo, retomar o fazer, e não apenas conversar sobre fazer. Falo em agir, e não apenas planejar. Quero me expor, em nome de Cristo, na África, nas cracolândias e favelas do Brasil, nos redutos pouco conhecidos da miséria na China, da miséria humana. Em nome de Jesus, anseio por me expor pessoalmente ao próximo que precisa de mim ao lado de minha casa, na esquina das ruas. Ostentar ternos engomados, vestes sacerdotais de tecidos importados ou mesmo subir nos palcos para fazer sua apresentação de *show man* não é cristianismo.

Temos um compromisso com a verdade, com o bem e com Cristo. Quem sabe possamos nos auxiliar a simplificar as coisas dentro de nós, em torno de nós e fazer um cristianismo com mais substância e menos pretensões?

Mas um cuidado é necessário, segundo tenho aprendido ao longo de minhas caminhadas. A pretexto de simplificar as coisas, tenhamos cuidado para não deformá-las, pois, embora nosso ponto de vista seja muito relativo e nossa verdade esteja longe de ser absoluta, nosso compromisso com Cristo é real, total e intransferível.

Compromisso é assumir seu lugar, seu papel e sua responsabilidade na vida. Não é nada religioso; é mais ético do que religioso ou moral. Dessa maneira, comprometer-se com Cristo é algo mais amplo e de alcance maior do que simplesmente abraçar uma tarefa num templo ou numa religião. Em minha pequenez, acredito mesmo que é fazer Cristo viver em nós. É tomar as rédeas da situação, sem ansiar por revelações, sem querer saber qual sua missão, nem mesmo esperar que venha algo de cima, do céu, para lhe dizer o que fazer.

Quem quer e quem tem de fazer, vai e faz – e basta. Ainda que na caminhada ocorram tropeços, como ocorre com todos, a pessoa continua, tropeçando, caindo, levantando-se e escorando-se. Porém, como se sente parte do grande plano de Cristo de auxiliar o mundo, e como sente Cristo viver dentro de si, vai fazendo, vai caminhando e vai construindo.

Como ninguém disse que era impossível – e mesmo se alguém o diz –, a pessoa comprometida com o Pai prossegue e faz. Constrói com simplicidade, realiza com sabor. Pois se o que se faz não produz sabor, de que adianta fazer? É preciso aliar à simplicidade o ato de saborear o fruto, degustar a realização e sentir o prazer de ver Cristo nascer em nós a cada dia, em cada mínima coisa que fizermos. E, se fizermos o mínimo, estaremos fazendo muito, desde que seja prazerosa a realização do trabalho.

2

SEGUIR A CRISTO
É MUITO MAIS AGIR
QUE PREGAR

"Então Jesus entrou no templo, expulsou todos os
que ali vendiam e compravam, e derribou as mesas
dos cambistas e as cadeiras dos que vendiam
pombas; e disse-lhes: Está escrito:
A minha casa será chamada casa de oração;
vós, porém, a fazeis covil de salteadores."

Mateus 21:12-13

CERTA VEZ, SAÍ PELAS RUAS de uma cidade grande para conhecer as necessidades do povo, daqueles que sofriam ou necessitavam mais do que eu mesma necessitava. Foi então que encontrei um homem muito popular, que me convidou a ir a determinado hospital em sua companhia. No fundo, eu sabia que, por trás do convite, havia um plano, da parte dele, de se projetar através de alguém que ele julgava importante, mas que, na realidade, não era mais do que um papel velho no qual Deus se atrevia a escrever recados de esperança, a fim serem soletrados para seus filhos menores.

Visitamos o hospital, e o homem segurava meu braço como se eu fosse a pessoa mais importante daquele lugar. Meu Deus! E como eu via pessoas muito mais importantes ali, deitadas nos leitos, reclamando atenção e cuidado, porém recebendo atendimento tão desrespeitoso ou, na melhor das hipóteses, sendo apenas toleradas, como se fossem um grande peso para os profissionais que ali perambulavam. Digo perambular, pois não vi respeito humano nem dignidade; não presenciei o mínimo de consideração para com os pobres mais pobres. A verdade é que o cheiro de sujeira e, em alguns casos, de podridão, em vez de ser solucionado com a higiene e a limpeza, com um pouco de água e sabão, era tratado com verdadeiro horror exatamente por aqueles que estavam ali para ajudar. O homem, tirando discretamente um lenço do bolso, levou-o ao nariz e fez menção de me emprestar outro igual.

Senti-me indignada. Como eu poderia presenciar o descaso pelos internos, pelos necessitados e me manter ali caminhando, como se nada de mais ocorresse? Como me manter tranquila e aparentar indiferença diante das atitudes de enfermeiros e alguns médicos para com os pacientes de Jesus? E foi olhando a atitude de duas enfermeiras em particular que respirei fundo, me inspirei profundamente na passagem de Cristo pelo templo, junto aos vendedores,[1] e resolvi exercitar o cristianismo mais puro que eu havia aprendido pelas ruas de Calcutá e pelas vielas do mundo. Num átimo, arranquei-me das mãos do homem público, avancei "caridosamente" sobre a primeira das enfermeiras, que estava mais próxima de mim, e tomei seu avental, deixando-a chocada com minha atitude tanto quanto com a "delicadeza"

[1] Cf. Mt 21:12-13.

com que resolvi intervir na situação.

Empurrei uma cama da enfermaria junto a outra, sem dar tempo de ser impedida por alguém que ali passasse, e lancei um olhar fulminante para um médico que se aproximava, a fim de silenciar uma possível pretensão sua de dar qualquer alarme. Joguei sobre seus braços tanto o avental emprestado "delicadamente" da enfermeira quanto um pedaço do meu sári, que desenrolei e rasguei também – com toda a delicadeza digna de uma seguidora de Cristo.

– E então? – perguntei ao médico. – Não é hora de praticar a medicina e honrar o compromisso assumido pelo menos com seu diploma? Vamos começar a limpar esta enfermaria e as sujeiras dos pacientes.

Apontando alguns dos pacientes, um a um, falei, quase cheia de raiva, não fosse a raiva algo desaconselhável. Mas, naquele caso, eu diria ser uma raiva santa:

– Aquele ali tem muita urina para ser enxuta e limpa, o outro parece ter vômito à vontade para você começar a praticar sua medicina e aprender a ser mais útil.

Sem muito mais o que falar, peguei o médico pelas mãos, levei-o com toda a delicadeza até o primeiro paciente e fiz questão de colocar as mãos dele em cima do vômito, incentivando-o de maneira cristã a limpar o homem que mais odor causava no ambiente. Deixei-o ali, atônito. Logo providenciei água e sabão; joguei água no chão, no local de onde, antes, eu arrastara as camas e que agora estava vazio. Tirando mais um pedaço do meu sári, deixando o suficiente apenas para me cobrir, depositei-o nas mãos do homem público, juntamente com uma vassoura improvisada, e incentivei as enfermeiras a auxiliarem, de tal forma que, em alguns minutos, todos estavam ocupados, cada um com aquilo com que mais tinha afinidade ou com o que mais facilmente foi "incentivado" a se afinizar. O médico, sentindo o olhar das enfermeiras sobre si, como se cobrassem uma reação, apenas meneou a cabeça e falou num tom audível a todos:

— Essa é Madre Teresa! Somente ela para fazer isso.

Sinceramente, sempre achei que os seguidores de Cristo precisam ser mais enfáticos, embora não devam abrir mão da delicadeza, tanto quanto possível. Existem muitas situações que nos chamam a ser mais delicados em nossas ações, e outras em que precisamos ser enfáticos em nossa fala e atitudes e ter coragem de reagir, agir ou fazer a coisa certa na hora certa. Pergunto-me: de que adianta me revoltar com determinada situação se não faço nada para melhorá-la?

Bem, não é preciso dizer que o homem público nunca mais quis me ver nem ser visto junto de mim. Pouco tempo depois, ofereci ajuda ao hospital, enviando algumas freiras que me acompanhavam a fim de auxiliarem na limpeza das enfermarias. Eu mesma passava por lá, sem avisar dia nem hora, e visitava não os internos, mas os médicos e enfermeiras, e então conversávamos sobre a história de um homem conhecido pelo nome de Jesus. Tornamo-nos amigos, claro, depois de lavarmos muitos panos e limparmos muito vômito e fezes.

Esta história não tem o objetivo de pregar nenhuma moral. Apenas escrevo para refletirmos sobre um ponto importante: nós, que nos dizemos cristãos, muitas vezes não concordamos com determinada forma de atuação das pessoas, dos políticos, dos servidores públicos ou de alguma instituição. No entanto, estamos interferindo de alguma maneira para melhorar aquilo que criticamos ou de que discordamos?

Às vezes, falamos de políticas públicas, vemos coisas horríveis serem feitas, nos sentimos lesados, roubados, mas... que fazemos contra isso? Que realizamos para a melhora da situação? Muitos cristãos não querem se envolver na política, pois julgam a participação política antagônica aos ensinamentos de Cristo. Contudo, caso permaneçam sem se envolver, como mudarão a situação? Apenas falando dela dentro de suas igrejas e templos? A saúde está sendo tratada com descaso, mas e eu? Qual o meu papel em tudo isso?[2]

É claro que não quero incentivar ninguém a sair por aí desrespeitando as regras das instituições e promovendo a desordem. Quero tão somente refletir se já não é hora de nos unirmos, os cristãos que pretendemos ajudar a fazer do mundo um lugar melhor, e formarmos uma força-tarefa, em vez de apenas reclamar, condenar ou participar de reuniões intermináveis e congressos que não levam a nada. Será que já não é hora de tomarmos da vassoura e começarmos a varrer; do pano, da água e do sabão e começarmos a limpar; enfim, fazermos algo mais do que simplesmente pregar?

[2] Durante a preparação deste livro, foram suscitados diversos questionamentos, que envolveram longas discussões entre o editor, a autora espiritual e o médium e, depois, também entre o editor e a revisora – o que, em linhas gerais, não foge à regra do processo editorial na Casa dos Espíritos. Em meio às conversas, o espírito Alex Zarthú, um dos orientadores de nossos trabalhos, pôde esclarecer algo acerca desta obra que é digno de nota. Observou ele que a autora não encerra, no capítulo, o debate sobre o tema ali iniciado; ao contrário, elabora sua ideia a respeito daquele tópico ao longo de todo o livro, retomando-o várias vezes no decorrer das mensagens. Essa informação ajuda a compreender algumas posições da autora e, sobretudo, sugere que se forme um juízo somente depois de concluída a leitura da obra, na íntegra.

3

REVER CONCEITOS COM INTELIGÊNCIA E SABEDORIA

"E vós também,
pondo nisto mesmo toda a diligência,
acrescentai à vossa fé a virtude, e à virtude a ciência."
2 Pedro 1:5

EXISTEM HOMENS RELIGIOSOS, homens de fé e homens de ciência. Enquanto com frequência a religião caminha a passos lentos, a fé consegue pôr coração nos lugares aonde as pernas não conseguem chegar. E a ciência, mesmo avançando a passos prodigiosos, ainda não foi capaz de equacionar as questões de ordem transcendente, o que somente seria possível com a ajuda da fé.

Digo que já fui uma religiosa, mas depois de me ver frente a frente com o sofrimento, a desilusão de pessoas abandonadas e a falta de esperança de muita gente que encontrei perdida na vida, abandonei a esfera religiosa, passei pela escuridão plena daqueles que procuram e tateiam algo mais além e, no meio dessa escuridão, encontrei a fé que hoje me incentiva a continuar – mesmo depois da morte – à procura da ciência da vida, na esperança de algum dia poder ser mais útil à causa que abracei.

Sem a escuridão que fui obrigada a enfrentar, não encontraria a verdadeira fé. Como religiosa, acostumei-me à fé incutida através de histórias e pregações; apoiei-me muitas vezes em rezas, orações, ladainhas, missas e, além disso, em pessoas, que descobri serem tão humanas quanto eu mesma. Era uma fé sem fundamento, conforme caracterizaria hoje. Para dar o passo definitivo em direção a uma visão mais ampla, afundei-me na escuridão da minha alma para descobrir dentro de mim a luz da fé operante, da fé que remove montanhas.[1] Precisaria remover montanhas, a partir daquele ponto aonde cheguei, uma vez que seria impossível realizar o trabalho que se desenhava à minha frente com o tipo de fé que elaborara até então. Minha fé infantil precisava transcender a si mesma, e isso só seria possível caso eu não fugisse de mim, da minha realidade íntima. Por mais que buscasse a luz, eu não era somente luz. Essa certeza estava patente em meu interior, mas era algo difícil de traduzir em palavras. Somente experimentando a escuridão dentro de mim eu conseguiria ascender à nova etapa de vida e experiências que me aguardava. Ir além das interpretações; realizar, enfim.

Estamos todos ainda muito distantes da verdadeira sabedoria, que nos abriria a visão para penetrar mais fundo nos dilemas da vida e dar passos mais acertados. Então, na falta dessa sabedoria divina, ou mesmo da sabedoria no âmbito mais humano, é inteligente pôr em

---

[1] Cf. Mt 17:20; 21:21.

prática os ensinamentos de Cristo.

Não me refiro àquilo que as religiões ensinam sobre Cristo, ou às filosofias, teologias e elaborações que surgiram a partir dos ensinos dele. Quero me referir àquilo que facilmente se pode notar e interpretar na vida do amado Senhor. Ou seja, seus exemplos e seus ensinos diretos, tais como o *Amai-vos uns aos outros*,[2] os quais dizem respeito ao aspecto moral.[3] *Fazei aos outros o que gostaríeis que vos fizessem*,[4] a chamada regra de ouro do Sermão da Montanha, também é um postulado tão claro que não está sujeito a elucubrações que as religiões

[2] Cf. Jo 13:34; 15:12.

[3] É interessante notar que a autora espiritual, de certa maneira, refere-se a algo semelhante àquilo que sintetiza o aspecto religioso da filosofia espírita, conforme explica Kardec: "Podem dividir-se em cinco partes as matérias contidas nos Evangelhos: *os atos comuns da vida do Cristo; os milagres; as predições; as palavras que foram tomadas pela Igreja para fundamento de seus dogmas; e o ensino moral*. As quatro primeiras têm sido objeto de controvérsias; a última, porém, conservou-se constantemente inatacável. Diante desse código divino, a própria incredulidade se curva. *É terreno onde todos os cultos podem reunir-se, estandarte sob o qual podem todos colocar-se, quaisquer que sejam suas crenças*, porquanto jamais ele constituiu matéria das disputas religiosas" (KARDEC, Allan. *O Evangelho segundo o espiritismo*. 120ª ed. Rio de Janeiro: FEB, 2002. p. 23. Último grifo nosso).

[4] Cf. Mt 7:12.

eventualmente desenvolvam a respeito. Coisas simples, como colocar as criancinhas no colo e deixá-las à vontade,[5] ou compartilhar o pouco que se tem.[6]

Ao analisar os princípios de Nosso Senhor Jesus Cristo, fico imaginando que é questão de inteligência colocá-los em prática. Suas palavras não se restringem a questões religiosas; muito pelo contrário. Ao lê-las, um homem inteligente certamente reconhecerá ali uma ciência humanitária com grandes implicações para a felicidade pessoal e para o bem da civilização como um todo.

Os religiosos mais afoitos vivem afirmando que amam as pessoas à sua volta, que amam os amigos, que amam, amam e amam. Nunca li nada nos Evangelhos sugerindo que Jesus dissesse a Pedro, Tiago, João ou qualquer dos outros santos apóstolos "Eu te amo, eu te amo, eu te amo", indefinidamente. Mas ele os amava!

Então, a ciência do amor não é ficar falando ou apregoando que se ama fulano, sicrano ou beltrano, anunciando isso aos quatro ventos. Existe uma ciência em amar, e o segredo dessa ciência está na ação muitas vezes silenciosa, mas na *ação*, na *demonstração* desse amor no cotidiano, muito mais do que em palavras do-

[5] Cf. Mt 19:14; Lc 18:16.

[6] Cf. Mc 12:42.

ces. Definitivamente, amar não é o que se diz por aí; não é a banalização da palavra *amor*, como se faz algumas ou tantas vezes. Amar pode ser, até mesmo, dar a vida pelo objeto do seu amor. Isso foi o que Cristo fez. Quem sabe pode ser anular-se? Ou não! Pode ser assumir-se, expressar-se; calar-se ou tomar a frente, dependendo do caso. Seja como for, quem sabe pode o amor ser muito mais do que simplesmente dizer "Eu te amo" repetidamente?

Não quero me ater ao significado de amor, pois essa reflexão pode ser aplicada também a outros ensinamentos de Nosso Senhor. A caridade, por exemplo, tão apregoada por nós, cristãos. Será mesmo que a caridade defendida por Jesus corresponde àquilo que fizemos dela?

Com estas poucas palavras talvez já tenha dado para você notar que quero falar de conceitos – dos conceitos que Cristo nos legou e daqueles que nós reinterpretamos ao longo dos séculos. Eis por que, de tempos em tempos, seria muito bom que todos refletíssemos sobre a ideia que fazemos dos ensinos de Nosso Senhor Jesus Cristo. Ou, ainda: que conceito formamos a respeito de nós mesmos, perante tais ensinos? Somos apenas religiosos, pessoas de fé ou homens de ciência? Somos realmente caridosos, humildes, pessoas realmente simples ou precisamos entender melhor esses conceitos antes de adjetivarmo-nos? Porque vejo por aí muita gente que se diz boa e honesta, que frequenta a igreja ou outro templo qualquer e, nos momentos de crise, deixa à mostra a verdadeira face. Em épocas de catástrofe, de revolução social e econômica, o verniz da religiosidade some e cede lugar à demonstração clara do que a pessoa realmente é, sem máscaras, que ruem durante dificuldades e desafios.

Quero propor a você uma releitura de sua vida, com a redescoberta do significado real das crenças, opiniões e dos conceitos que alimenta. E sabe por que eu, Teresa, lhe proponho tal coisa? Porque a morte me obrigou a refazer meus caminhos internos. Morrer talvez tenha sido o acontecimento mais importante da minha existência, a maior crise de valores pela qual já passei, pois me fez ver o mundo, o meu mundo, por outros ângulos. Fui obrigada a perceber e me relacionar com o verdadeiro sentido da vida, das coisas e da existência. Minhas crenças pessoais foram abaladas em muitos aspectos. Com relação a certos pontos, descobri que os via sob um véu; em muitos outros, fui obrigada a admitir que simplesmente estava equivocada.

Entretanto, para que esperar a morte e o morrer a fim de fazer uma análise ou reavaliação de seu modo de ver e de viver? Precisará enfrentar a escuridão interna de maneira dolorosa, a fim de rever seus conceitos? Será que o que o apavora é o medo de chegar à conclusão de que está errado, equivocado? Bem, esta é a ciência da vida. Descobrir que estamos exigindo demais dos outros, num nível que nós mesmos não daríamos conta de atender. Aprender que precisamos deixar o outro acertar e tentar cada vez mais, sem abatê-lo moralmente, sem matar a esperança, a fé e a força que ele emprega em mudar, em mostrar quanto tem procurado modificar-se. Saber quando o erro alheio, mesmo nos prejudicando, mesmo prejudicando o trabalho que representamos, significa apenas que a pessoa é humana, que está se esforçando, como nós fizemos algum dia. A ciência da vida nos ensina que, muitas vezes, o outro quer é nos mostrar quanto está se esforçando, como se dissesse: "Olhe, estou fazendo algo de útil e bom; eu posso acertar também!", mesmo que naquele momento ele esteja errando e não saiba.

Na escola da vida, vamos aprender a valorizar o esforço do outro, as obras do outro e a vontade de ser reconhecido em seus esforços, mesmo que ele, nessa tentativa, sem o saber, esteja errando ou incorra em erros que julgamos absurdos e descabidos. O aprendizado existe sempre, quando estamos a caminho ou quando atingimos determinado objetivo.

Cheguei à conclusão, através de processos íntimos dolorosos, que aprendemos sempre, mesmo quando morremos. Pois quem deseja realmente seguir a Cristo sabe que na morte se encontra vida abundante. Como disse o apóstolo São Paulo: "Cristo será (...) engrandecido no meu corpo, seja pela vida, seja pela morte. Porque para mim o viver é Cristo, e o morrer é ganho".[7] Esteja certo de que um dia você precisará reavaliar os conceitos que cultiva, de alguma maneira, em algum momento. Mas acredite: é muito melhor que o façamos enquanto estamos a caminho, a caminho da luz.

Passar para uma compreensão mais clara, menos acanhada, sem as limitações impostas pela religião, significa enfrentar-se, primeiramente. É preciso querer, inspirar-se, tomar fôlego, pois não é fácil para ninguém rasgar seu interior, arrancar ervas plantadas e cultivadas, mas que já não servem para o momento. Trata-se de empreender uma espécie de reciclagem na fé e na vida inteira; de romper, talvez rápida ou lentamente, mas romper definitivamente com as amarras internas, com as limitações impostas pelas crenças abriga-

---

[7] Fp 1:20-21. Todas as citações bíblicas são extraídas da tradução a seguir, exceto quando indicado em contrário (BÍBLIA de referência Thompson. Tradução contemporânea de João Ferreira de Almeida. São Paulo: Vida, 1998).

das dentro de si. Trata-se de ter coragem de ressuscitar, como Cristo, para a luz de uma nova etapa de vida. Quando se entra nesse estágio de ressurreição, a fim de viver mais intensamente, a religiosidade cede lugar a uma doce luz de espiritualidade, enquanto passamos às descobertas da nova ciência da vida e do viver.

A partir de então, veremos que, numa existência em que a mente se abre para novos horizontes, não há lugar para preconceitos de qualquer espécie; não há espaço para nenhuma atitude castradora e limitadora tanto para si quanto para o próximo; não há como permanecer de braços cruzados diante das injustiças e somente reclamar, discursar e filosofar a respeito de situações aflitivas e indesejáveis. Nesse momento, tomamos nas mãos a responsabilidade por fazer alguma coisa, por agir. Não que nos seja exigido realizar coisas grandiosas, mas algo certamente será feito, que deixará a marca de Cristo nos caminhos por onde andamos. Essa é a hora em que começamos a aprender a ser cristãos de verdade.

4

A POBREZA DE TODOS OS HOMENS E A VERDADEIRA CARIDADE

"Porque tive fome, e destes-me de comer; tive sede, e destes-me de beber; era estrangeiro, e hospedastes-me; estava nu, e vestistes-me; adoeci, e visitastes-me; estive na prisão, e fostes ver-me.
Então os justos lhe responderão, dizendo: Senhor, quando te vimos com fome, e te demos de comer? ou com sede, e te demos de beber?
E quando te vimos estrangeiro, e te hospedamos? ou nu, e te vestimos? E quando te vimos enfermo, ou na prisão, e fomos ver-te? E, respondendo o Rei, lhes dirá: Em verdade vos digo que quando o fizestes a um destes meus pequeninos irmãos, a mim o fizestes."

Mateus 25:35-40

TIVE IMENSA DIFICULDADE em convencer aqueles que eram meus superiores eclesiásticos acerca da minha necessidade de viver em comunidade, em meio à sociedade.[1] É claro que não posso culpar quem julga que uma vida em reclusão favoreça a vivência religiosa ou estimule a relação íntima com Deus. Tive de usar de recursos dos mais variados antes de tornar pública minha vocação para viver em meio aos mais pobres e auxiliá-los. Tivesse eu seguido à risca os ensinamentos da Igreja que recebi de meus superiores, jamais teria rea-

[1] Embora tenha recebido o chamado da "Voz" no dia 10/9/1946, no trem a caminho de Darjeeling, na Índia, e iniciado no mês subsequente as discussões com seus superiores eclesiásticos, foi apenas em 21/12/1948, portanto mais de dois anos depois, que Madre Teresa pisou pela primeira vez as favelas de Calcutá como Missionária da Caridade – ou seja, como representante da ordem fundada por ela, no âmbito da Igreja de Roma. Tantas foram as cartas, os vaivéns e as negociações, acompanhados de tremenda angústia e ansiedade da parte da Teresa, que seu biógrafo dedica mais de três capítulos inteiramente ao assunto (KOLODIEJCHUK, Brian. *Madre Teresa: venha, seja minha luz.* Rio de Janeiro: Thomas Nelson, 2008. p. 58-141).

lizado sequer 1% daquilo que minhas mãos puderam fazer e meu coração, fecundar.

Às vezes, na calada da noite, enquanto as irmãs dormiam, esquivava-me por entre as sombras, trocando o sári por vestes rotas e maquiando-me com lama e sujeira da rua, a fim de não me reconhecerem. Somente mais tarde pude obter o aval dos chamados representantes de Cristo na Terra, a fim de poder, então, fazer a vontade de Nosso Senhor livre de tais subterfúgios.

Acredito firmemente que, em algum momento da vida da maioria daqueles que querem servir a Cristo, surgirá um impasse que os levará a decidir entre religião e vivência da espiritualidade. Cedo ou tarde, estes se verão na iminência de romper com as atitudes castrativas, religiosas ou não, a fim de viver mais plenamente o Evangelho de Nosso Senhor e poder manifestar sua vocação sem tantas barreiras.

Não sei como conciliar os exemplos de Nosso Senhor com a vida religiosa entre grades ou muros. Se é verdade que ele se envolveu com as pessoas de sua época, sempre em meio às multidões ou entre necessitados, pecadores, pobres, doentes e oprimidos, como conseguir acordo entre essa realidade e a vida monástica ou mesmo a atitude daqueles que querem se afastar do mundo, com medo de se macularem? Há também os que, pretendendo preservar-se da vida mundana, isolam-se do convívio social em determinada comunidade, supostamente alcançando uma vida mais espiritualizada.

Cada vez que leio os santos Evangelhos, vejo sempre nos exemplos de Cristo e dos seus seguidores mais próximos o envolvimento social, a imersão na vida mundana, como um fermento que se mistura à massa e a leveda,[2] dando-lhe sabor e qualidade, promovendo, assim, o progresso. Dessa forma, vejo a vida em sociedade ou a própria sociedade mundana como uma bênção para o exercício do bem, da fraternidade e dos demais ensinamentos que Nosso Senhor Jesus Cristo nos deixou em seus exemplos de vida.

Ele escolheu viver em meio à sociedade para transformar o mundo, como realmente o fez. Frequentava as sinagogas,[3] pagava impostos[4] e sempre participava de eventos sociais, quando convidado.[5] Estava sempre entre as pessoas e, notadamente, entre os necessitados. Lemos diversas passagens em que ele estava junto aos

[2] Cf. Mt 13:33; Lc 13:21; 1Co 5:6; Gl 5:9.

[3] Cf. Mt 12:9; Mc 1:21; 3:1; 6:2; Lc 4:28-37; 13:10; Jo 6:59; 18:20.

[4] Cf. Mt 17:24-27; 22:17-21.

[5] Cf. Lc 5:29; 14:15; Jo 2:1 etc.

doutores e a outros considerados ricos, sempre com o objetivo de exortar ou falar dos conceitos do Reino,[6] e também censurá-los, em alguns casos.[7] Considero que viver em meio à sociedade é o que torna possível a contribuição dos cristãos para a construção de um mundo melhor ou do reino de Deus na Terra.

Foi em meio à pobreza que aprendi como desenvolver a espiritualidade. É claro que não quero dizer com minhas palavras que todos devam almejar a vocação de viver entre os pobres e mais humildes. Há aqueles pobres de espírito que vivem aprisionados em apartamentos e mansões com suas misérias sociais, morais e sofrimentos difíceis de imaginar. Eles merecem igual respeito e inspiram trabalho, da mesma forma que os pobres das ruas. Há também os pobres na capacidade de entender, que desafiam o cristão verdadeiro a desbravar o pensamento dessas criaturas e, devidamente, abrir-lhes as portas da compreensão por meio da educação e do compartilhar do saber; afinal, é preciso instigar-lhes a descobrir novas formas de ver a vida.

Mas existem os pobres mais pobres, aqueles que vivem nas ruas, que comungam seus destinos com os

[6] Cf. Mc 2:16; Lc 5:30; 7:36-37; 15:2 etc.

[7] Cf. Mt 6:2-5; 15:7; 23; Lc 11:37-54.

mais miseráveis, em diversas condições: morando nas ruas ou em campos de refugiados, vitimados por calamidades, internos em hospícios e hospitais, portadores de enfermidades graves ou crônicas. Entre esses, sei que os cristãos poderão encontrar farto material para ultrapassarem os confortáveis limites da religiosidade e alcançarem um conceito de espiritualidade mais amplo – e possível a nós, humanos. É entre os convidados de Cristo, aprendendo a servir e amar, que desenvolvemos com mais amplitude e facilidade conceitos como humanidade, fraternidade, respeito às diferenças, compreensão de nossas próprias fraquezas, confiança em nós, no próximo e em Deus, além de muitas outras aptidões.

No entanto, ainda outro bem maior se obtém ao estabelecer contato com as dificuldades do próximo e sua realidade íntima. Trata-se do desenvolvimento de uma espiritualidade sem as amarras próprias das doutrinas humanas; sem a coerção, a mutilação mental e a lavagem cerebral patrocinada e levada a cabo pela religião, sobretudo nas vertentes do religiosismo e do fundamentalismo. Esse contato salutar com o próximo liberta e libera a alma daquele que se propõe a servir, pois, sem se despir de velhos conceitos, atitudes castrativas ou impedimentos doutrinários, é impossível ser ponte entre a caridade e os necessitados.

Quem ama, quem se doa não impõe sua cultura, suas crenças e seu modo de ver a vida e o mundo. Ao contrário, modifica sensivelmente seu jeito de ser no contato com a miséria humana, refaz sua forma de ver a vida mediante a interação com as misérias alheias, renova suas crenças quando, ao interagir com o próximo, vê por si mesmo como ele sobrevive sem as doutrinas e as imposições que a fé religiosa por vezes apresenta. Constata, além disso, que a fé mais simples e menos elaborada daquele que sofre pode ter sido maior que o grão de mostarda da parábola,[8] enquanto a fé pessoal daquele que aprende servindo pode não ter sido fé, mas apenas uma crença, quem sabe muitíssimo menor que aquela que Cristo afirmava ser como a semente que cai na terra boa.[9]

Em síntese, do meu ponto de vista, o contato com a miséria humana, seja ela nas favelas ou nas mansões, do habitante das ruas ou dos arranha-céus, esteja ela vestida de trapos ou de seda, é material farto para o desenvolvimento de nossa espiritualidade.

Talvez essas minhas reflexões sejam inspiradas pelo ensinamento dos santos Evangelhos quando retratam a

[8] Cf. Mt 17:20; Lc 17:6.

[9] Cf. Mc 4:3-20.

vinda de Cristo pela segunda vez ao mundo, segundo as palavras com as quais abro este capítulo. Noutro trecho, Ele, o Nosso Senhor, declara abertamente desconhecer os religiosos de carteirinha, aqueles que fazem tudo em nome do Senhor.[10] Ao contrário, reconhece como legítimos herdeiros do novo mundo aqueles que, não se preocupando com a ortodoxia religiosa, entregaram-se no serviço ao próximo, isto é: deram-lhe comida quando teve fome, bebida quando teve sede, visitaram-no quando encarcerado.[11]

A passagem é digna de ser estudada, pois contrapõe o caráter religioso e a espiritualidade operante, que, sem se prender ao desejo de agradar a Deus, ocupa-se em servir ao próximo. Trata-se de uma força que faz a sua parte na transformação do mundo sem se preocupar com questões como orientação sexual, religião, cor da pele, credo ou forma de amar de quem quer que seja. A espiritualidade verdadeira promove o envolvimento, pois quem ama se envolve e se entrega, sem imposições e sem esperar do outro qualquer tipo de resposta. Quem ama simplesmente serve e passa, confiando que o resultado da obra pertence ao senhor da vinha. Nós somos

[10] Cf. Mt 7:21-23.

[11] Cf Mt 25:35-46.

apenas lavradores ou luvas que temos a honra de ser vestidas pelo anjo da caridade, que dá continuidade, no mundo, à obra de Jesus Cristo.

5

POR QUE AMO MEUS POBRES

> "Há alguns que se fazem de ricos,
> e não têm coisa nenhuma, e outros que se fazem
> de pobres e têm muitas riquezas."
>
> *Provérbios 13:7*

FALO MUITO DOS POBRES, da vida espiritual vivida junto aos necessitados, e por isso talvez possam me entender como sendo alguém que ignora outros ramos de serviço cristão em favor da pobreza que avassala o mundo. Mas quando falo de entregar-se ao trabalho junto às pessoas carentes, quero esclarecer que as há em vários departamentos da vida, em nossa civilização. Embora eu tenha encontrado o caminho da espiritualidade e da minha vocação em meio aos pobres mais pobres, reconheço que nem todos têm o compromisso com a pobreza no sentido a que me dediquei e me dedico.

Há aqueles pobres de conhecimento, de educação, que reclamam o concurso de missionários do bem dedicados e com vocação para a educação no sentido metafísico tanto quanto mundano, relacionado à instrução formal. A educação do homem é fundamental; é essencial até mesmo para que entenda questões mais profundas a respeito de sua espiritualidade. Educar é abrir fronteiras para o espírito; é ampliar os horizontes da mente de forma a contribuir para um mundo melhor, um futuro de bênçãos e uma civilização mais consciente de seus deveres. Sendo assim, podemos considerar que aqueles que se dedicam a educar desempenham o papel de missionários de Cristo, que é o mestre, o professor da humanidade. A tarefa da educação de almas deve ser vista como um trabalho missionário de primeira linha, de essência divina, pois desperta a alma para os caminhos da evolução consciente, libertando-a dos grilhões a que se prende, em situações acanhadas que tornam mais árduo o caminho de seu progresso pessoal.

Existem também aqueles que têm um compromisso com a ciência praticada no âmbito da ética, com fins humanitários, que descortina, para o futuro da humanidade, para o bem de todos, inúmeras bênçãos e descobertas. Seja na área da saúde, da tecnologia ou em outra qualquer, essas pessoas dedicadas à ciência trabalham em prol da qualidade de vida e da ampliação dos recursos que promovem o bem-estar, contribuindo, assim, para um estilo de vida cada vez mais saudável e para a diminuição da carga de dor e sofrimento, aplainando os caminhos da evolução, por assim dizer. Deus permite que esses baluartes da ciência venham ao mundo exatamente para dar melhores condições ao homem, a fim de que possa viver com mais dignidade, na medida em que são atenuados os impactos ou desafios que o ambiente da Terra oferece para a proliferação da vida. Sob esse ponto de vista é que afirmo com convicção: os homens de ciência são missionários quando agem com ética, visando ao bem da humanidade.

Imagine como eram as cirurgias, como se tratavam as dores e as infecções antes de aparecer no mundo os antibióticos, o éter, o clorofórmio e tantos outros recursos abençoados. De maneira crescente, tais elementos têm estado mais e mais à disposição dos pobres, daqueles que vivem entre a miséria e o abandono, tanto quanto dos pobres que povoam as mansões, em seus dilemas, dores e desafios que muitos ignoram. Juntamente com as verdades religiosas, espirituais ou metafísicas, Deus envia seus trabalhadores e desbravadores da ciência, a fim de trazer ao mundo desde os recursos da medicina chamada alternativa ou complementar, como os fitoterápicos, até os benefícios inegáveis da medicina tradicional, alopática.

Por essas e outras razões, tenho observado que nem todo mundo tem o compromisso de conviver tão de perto com a pobreza social, isto é, uma convivência mais estreita, ampla e profunda com as misérias e os desafios que vivem aqueles filhos de Deus mais necessitados. Não obstante, muitos se dedicam com mais afinco ao progresso da humanidade porque inspirados justamente pela vida dos necessitados de toda sorte, estimulados pelos desafios da saúde, da miséria, da falta da educação básica, que se vê principalmente nas classes menos abastadas da população. Seja para aplacar as dores decorrentes das enfermidades ou as da ignorância humana, seja para contribuir com o esclarecimento do povo, iluminando as consciências dos pobres de espírito ou de conhecimento, esses missionários da ciência, da educação ou de outro ramo qualquer acabam por contribuir imensamente para o aumento da qualidade de vida dos filhos de Deus.

Tudo isso me leva a pensar que todos precisamos dos pobres, mesmo que seja para inspirar-nos a lutar por uma vida melhor; ainda que seja para evitarmos viver em condições nas quais não se valoriza o ser humano. Nem que seja no desempenho dessa função, os pobres e a pobreza definitivamente são capazes de nos inspirar a todos ao progresso, quando não a desenvolver em nós os impulsos da fraternidade, do amor, do serviço cristão desinteressado.

Desse modo, observo que todos precisam dos pobres, dos mais simples e dos mais humildes. Seja para serviços domésticos, seja para outras atribuições que muitas vezes rejeitamos exercer no dia a dia: não somente faxina, jardinagem, limpeza das ruas e higienização de escolas, hospitais e serviços públicos, como também manuseio do lixo e manutenção de esgotos e instalações subterrâneas ou trabalhos em lugares insalubres. Tudo isso é realizado e mantido com a ajuda das pessoas de procedência mais simples da sociedade, daqueles que chamamos pobres.

Ainda sob esse ponto de vista, todos precisamos dos pobres também para manter nossa qualidade de vida. Sei que um dia a pobreza deixará de existir na face da Terra,[1] embora essa época esteja ainda muito distante. Sei que em muitos países, graças a Deus, os pobres têm alcançado melhoras, subindo, mesmo que lentamente, de posição social, usufruindo de condição econômica que não tinham antes. Ao lado dessa realidade, porém, centenas de milhões ainda vivem na miséria; inúmeros estão em situações aflitivas, inclusive ao nosso redor, mais próximo de nós e nas grandes cidades e comunidades humanas.

Fico me perguntando se Deus não colocou ao nosso lado essas pessoas, os pobres de todos os matizes, exatamente para nos estimular a crescer, a desenvolver a sensibilidade, de modo a inspirar-nos os valores cristãos tão bem expostos e exemplificados nos Evangelhos.

---

[1] Cf. KARDEC, Allan. *O livro dos espíritos.* 1ª ed. esp. Rio de Janeiro: FEB, 2005. p. 526, itens 930-931.

Imagino como seria a vida dos cristãos sem os pobres e a pobreza. Só imagino, sem me atrever a falar ou escrever sobre essa hipótese. Dessa maneira, delicio-me no trabalho junto aos meus pobres não somente porque posso compartilhar com eles, aprender com eles ou perceber a sabedoria que muitos têm – seja a fé inabalável, a atitude de louvor ou o clamor de misericórdia –, mas também porque eles me estimulam a me manter firme nos caminhos de Cristo. São os pobres que conheci e conheço, tanto aqueles habitantes das ruas, os estagiários da miséria humana, como os de classe social abastada, sobre os quais já me referi, são essa gente que me faz sentir mais humana. São esses filhos de Deus, muitas vezes esquecidos e evitados, que me ensinam a viver com mais simplicidade. E falo em simplicidade em oposição à ideia de complexidade, e não como sinônimo de uma humildade que ainda não desenvolvi.

Sou grata a Deus porque existem aqueles que trabalham pelo progresso da humanidade. Graças a seu trabalho missionário, por vezes anônimo, intenso sofrimento e muitas dores e misérias sociais podem ser aplacados, atenuados, e, em seu lugar, o progresso é estimulado. Agradeço sobretudo as mãos do amor, da caridade legítima, do serviço de milhares de seres, de pessoas de todas as classes sociais que amparam os mais necessitados. Agradeço pela sensibilidade desperta nas almas amigas que deixam os lares e afazeres mais caros para devotar-se ao próximo. Dedicam-se a eles em hospitais, em casas de repouso, nas ruas, nos países assolados pela miséria a ponto de desafiar a compreensão humana. Doam-se no amparo ao seu semelhante nas mais diversas situações em que o desrespeito é maior que a valorização da vida. Em meio às guerras e aos conflitos étnicos, por entre as vítimas de catástrofes da natureza ou de quaisquer comoções sociais que deixam suas marcas e cicatrizes no corpo e na alma do ser humano, esses missionários anônimos levantam suas mãos cheias de bênçãos para distribuí-las com os pobres mais pobres do que eles.

Por tudo isso, faço das minhas palavras oração em louvor a todas as criaturas que se deixam sensibilizar pela natureza das provações humanas, convertendo suas mãos em luvas para que Cristo as vista e continue trabalhando, por intermédio de seus servidores e seguidores, transformando canhões em jarros de flores, e feridas em primaveras de caridade. Afinal, Nosso Senhor é aquele que transformou água em vinho e que prossegue, ainda nos dias atuais, transformando corações pela sensibilidade que a presença dos pobres em nossas vidas faz brotar.

6

O PRECONCEITO NÃO TEM LUGAR NO CONCEITO CRISTÃO

"E, abrindo Pedro a boca, disse: Reconheço por verdade que Deus não faz acepção de pessoas."

Atos dos apóstolos 10:34

MEU DEUS! Como existe preconceito no mundo. Mesmo entre aqueles que dizem não viver para o mundo, mas para Deus. Em geral, por debaixo do preconceito, existe um desejo velado, mantido sob disfarce; algo que a pessoa portadora do preconceito oculta a todo custo. A natureza desse desejo velado? Talvez, somente a psicologia possa esclarecer. Seja como for, precisamos entender que as pessoas que alimentam esse tipo de sentimento colocam-se na posição complexa de opositoras do progresso e logo se tornam ultrapassadas. Qualquer que seja a espécie do preconceito, ele é tão mais ultrajante quanto mais caminha a humanidade, principalmente quando provoca atitudes discriminatórias, que desrespeitam o próximo ou mesmo fomentam o boicote à felicidade, à realização ou à vida do semelhante.

As leis da sociedade avançam ainda a passos lentos, no que tange a abolir a manifestação social do preconceito humano, principalmente quando este está disfarçado em meio a religião, religiosidade, fundamentalismo e partidarismo político. Às vezes tenho a impressão de que os religiosos, de maneira geral, inventaram motivos, reinterpretaram textos considerados sagrados ou se especializaram em debates e embates com pessoas que vivem de forma peculiar ou que, de algum modo, são diferentes da maioria das pessoas ou daquilo que se convencionou chamar de normal.

O mundo é plural. Nada no universo é repetitivo, nada é padronizado de maneira absoluta, pois o brasão do universo é a diversidade na unidade ou a unidade na diversidade. Encontramos dimensões, seres, coisas e, enfim, todo o sistema de vida do mundo diversificados e iluminados pela pluralidade.

No âmbito religioso, em quase todos os segmentos existe preconceito – velado, em alguns casos, e absurdamente ostensivo, em outros, a tal ponto que proliferam brigas, perseguições e ataques declarados. É possível argumentar que há preconceito em qualquer contexto social, o que em certa medida é correto. Porém, o interessante é a prática, quase exclusiva do meio religioso, de transferir a Deus, aos textos sagrados e à autoridade sacerdotal ou eclesiástica a responsabilidade pela conduta preconceituosa, numa intenção espúria de revestir a atitude reprovável de contornos espiritualizados ou santificados.

Entre os adeptos do cristianismo, parecem ignorar

que nos Evangelhos não há uma declaração sequer, nenhuma atitude de Nosso Senhor que incite, inspire ou aprove o preconceito velado ou a discriminação declarada contra quem quer que seja. Ao contrário, Cristo combateu aberta e arduamente o preconceito, e disso encontramos numerosos exemplos. Ele andava com aqueles considerados pecadores e de má vida, conversava com samaritanos, rejeitados pelo preconceito judeu, e tinha amizade com pessoas consideradas indignas, tanto pela sociedade quanto pela religião oficial.[1] O Evangelho nem sempre é explícito ao demonstrar que tipo de atitude tinham tais pessoas repudiadas pela sociedade e pela religião da época; mostra apenas que eram consideradas pecadoras praticantes. Ou seja, pouco importa para Nosso Senhor o tipo humano, quais gostos e tendências cultiva, que cor tem a pele ou qual é a vivência e os hábitos de cada um. Em todos os casos, atestam as palavras sagradas, os pecadores eram os preferidos de Cristo, que não veio para os santos e nem para os resolvidos, como ele mesmo esclarece.[2] Enfim, não se justifica em nenhuma ação ou palavra de Cristo o preconceito admitido, inspirado e até insuflado pelos religiosos e

[1] Cf. Mt 9:10-11; 11:19; 21:32; Mc 2:16; Lc 5:30; 15:1-2; Jo 4:9; 4:40 etc.

[2] Cf. Mt 9:12; Lc 5:31.

também pelos fundamentalistas de plantão, sejam estes religiosos ou não.

Por que não respeitar e até valorizar a diversidade da vida como ela se manifesta no mundo, adaptando-se ao progresso, que a tudo e a todos engloba, independentemente de suas características e particularidades?

Não é fácil abolir ou desarraigar o preconceito da alma humana, pois a existência dele remonta a um passado remoto, têm origem nas crenças introjetadas desde os primórdios da humanidade terrena. No entanto, a educação do espírito humano e o investimento no esclarecimento podem representar muito e alcançar resultados expressivos no que concerne ao respeito pela filosofia de vida, pelo estilo e pelas características do próximo.

O preconceito está no âmago e na gênese de muitos dos maiores crimes da humanidade. O espírito de sectarismo e de proselitismo político também está profundamente ligado a esse fator, que, embora resista bravamente, já deveria ter sido abolido da alma dos que habitam este planeta. A civilização não será de forma alguma uma civilização verdadeira enquanto o preconceito fizer parte das relações entre os povos e entre os indivíduos.

Em minhas andanças pelo mundo, pelos hospitais de cidades e países variados, nunca vi, em nenhuma fila de espera para doação de órgãos, algum candidato perguntando se o órgão que receberia provinha de negro, branco, mulato, *gay*, mulher, judeu, católico, protestante ou muçulmano. Na hora da necessidade é que vemos como todos se igualam perante a fragilidade da condição humana. Por que, então, não se ver como igual e respeitar o próximo quando a saúde vai bem?

Nos momentos em que deparamos com atitudes preconceituosas, muitas vezes nos sentimos quase impotentes para modificar a situação ou a pessoa que está impregnada com ideias preconcebidas sobre alguém, algum sistema de vida ou de outra natureza qualquer. Os sentimentos, a forma de pensar e agir dos indivíduos que se posicionam negativamente com relação ao alvo do preconceito são elementos dificilmente passíveis de transformação, a não ser por meio da reeducação dos conceitos, das emoções e do modo de pensar a vida. A ação do preconceito é algo totalmente previsível; contrário à realidade e ao respeito às diferenças, faz parte de um período que denominamos estágio primitivo de existência, e é sob esse aspecto que defendo que pode ser trabalhado e lapidado para então, finalmente, ser transformado mediante o processo reeducativo. Em outras palavras, não é através de regras impostas ou convencionadas, de leis e decretos aprovados por políticos e autoridades que se limpará da alma humana a nódoa do preconceito. Sobretudo, é através do intenso investimento em educação, com afinco, que se enfrentará esse desafio da mente e da alma.

A pessoa frustrada em algum de seus desejos, muitas vezes ocultos, ou em certas necessidades e, principalmente, em suas crenças transforma a frustração em arma psicológica e até agressão física contra tudo e todos que simbolizem ou remetam àquele aspecto mal resolvido. Este é o preconceito, que poderá se revelar nas esferas social, sexual, racial, religiosa e comportamental, entre outras. Caso reconheçamos que tal atitude, muito comum de encontrar nos dias atuais, seja algo que merece ser enfrentado de forma determinante, temos de convir que educar é a ferramenta mais apropriada para lidar com os desafios ou as doenças da alma humana.

Para aquele que se diz cristão, para nós que procuramos representar as ideias de Cristo no mundo, independentemente da interpretação religiosa à qual nos afeiçoamos, não deveria haver lugar na mente e no coração para atitudes tão contrárias ao pensamento que permeia o Evangelho e os ensinamentos de Nosso Senhor. Foi o preconceito e a intransigência dele decorrente que geraram as perseguições religiosas de todas as épocas. A intolerância, que anda par a par com o preconceito, é que instiga e sustenta atitudes tão anticristãs, antiéticas e opostas ao sentido do progresso geral. Foram atitudes geradas em meio ao preconceito que fomentaram e sustentaram as grandes guerras que avassalaram a humanidade.

Reitero: o mundo é plural. É plurirracial, é colorido, e nenhuma cor é igual à outra, assim como nenhum ser é absolutamente igual aos demais. A faculdade do livre-arbítrio dá a cada ser humano a possibilidade de ser e viver como quer. A natureza do mundo pôs cada um no lugar certo, na condição adequada para o crescimento e o aprendizado, localizando cada pessoa no contexto social, econômico, racial e religioso mais condizente com sua necessidade de aprendizado, visando ao progresso. De certo modo, somos todos únicos e merecedores de atenção, respeito e consideração.

Sinceramente, ao ler as palavras dos santos Evangelhos, ainda hoje, não encontro nelas absolutamente nada que justifique o sentimento de separativismo, exclusividade, preconceito ou discriminação de qualquer ordem, que, muitas vezes, observo em determinados segmentos religiosos que pretendem seguir os ensinos de Cristo, sem mencionar outras pessoas que, mesmo não sendo religiosas, defendem e abraçam esse tipo de atitude. Nada justifica que o homem de bem, o cristão ou aquele que busca o caminho da espiritualidade mantenha restrições de qualquer espécie contra o indivíduo que lhe é parceiro de caminhada e de viagem na grande nave que chamamos de planeta Terra. Essa, a razão por que encerro a reflexão com as palavras do apóstolo Paulo: "E vós, senhores, fazei o mesmo para com eles, deixando as ameaças, sabendo também que o Senhor deles e vosso está no céu, *e que para com ele não há acepção de pessoas*".[3]

[3] Ef 6:9. Grifo nosso.

7

BEM-AVENTURADA SEJA A FORÇA DO DINHEIRO

"Não havia, pois, entre eles necessitado algum;
porque todos os que possuíam herdades ou casas,
vendendo-as, traziam o preço do que fora vendido,
e o depositavam aos pés dos apóstolos."

Atos dos apóstolos 4:34

MUITAS VEZES OUVI da boca de certos cristãos a afirmativa de que a prosperidade, a riqueza, o dinheiro ou a conquista das questões ditas mundanas representam um afastamento da proposta do Evangelho. Aí, fico imaginando o mundo sem o dinheiro... Nossas obras sociais sem o poder de transformação que o dinheiro traz ou, então, como seria a civilização sem o progresso, sem a possibilidade de as pessoas crescerem, ascenderem na escala social ou usufruírem do fruto de seu trabalho, de colherem os louros da vitória. Acho que o cristão ou o religioso, de modo geral, ainda não fez as pazes com o dinheiro nem consegue ainda ver quanto de progresso e bem pode ser feito à humanidade com o potencial que ele oferece. É certo que, mal utilizado, o recurso financeiro pode promover tanto o fracasso espiritual das pessoas quanto estimular os mais vis comportamentos, inclusive a guerra e outras pragas que assolam a humanidade. Mas por que associar sempre o dinheiro a coisas negativas?

Considero se, em algum momento do passado, porventura não tenhamos empregado de maneira equivocada o patrimônio nosso ou alheio. Quem sabe não seja o sentimento de culpa o grande responsável por fomentar a ideia de que o dinheiro é algo ruim ou está fatalmente ligado apenas a coisas profanas? Pois bem, se assim fosse, pergunto o que seria do mundo se não houvesse o ganho, o lucro, o recurso financeiro como forma de patrocinar e empreender as obras da civilização. Como ergueríamos hospitais, creches, orfanatos e casas de apoio aos idosos? Como manteríamos nossas obras beneméritas, não fosse o emprego correto e saudável do dinheiro?

Reflito comigo mesma se o problema não está na forma como pensamos o dinheiro. Será que já não está na hora de fazermos as pazes com o dinheiro e o progresso?

Noto que, geralmente, quem fica brigando com a ideia do poder de transformação social que o dinheiro tem são pessoas que se consideram derrotadas socialmente, não importa que parcela de recursos materiais possam teoricamente usufruir ou tenham acumulado. Afinal, há inúmeras pessoas abastadas que não têm uma relação amigável com o dinheiro e com o que ele lhes poderia proporcionar.

Quanto a mim, prefiro pensar que muita gente dotada de recursos promove empregos, patrocina o progresso em vários aspectos, incentiva a educação através da promoção ou publicação de livros, periódicos e várias outras formas de cultura e difusão do conhecimento. Prefiro pensar que, se convencêssemos ditadores e certos magnatas, que utilizam o dinheiro para fins menos dignos, a investir em saúde, educação ou obras beneméritas, então, segundo penso, não haveria dinheiro sujo. Porque o dinheiro só é ruim se promove o mal e dissemina a miséria e a tristeza; se, ao contrário, é empregado de modo a transformar o mundo numa habitação mais agradável e justa, onde está o problema? Qual o dilema ético de promover o bem-estar? Por acaso é mais nobre o ostracismo, que, a pretexto de não se envolver com o dinheiro de origem "impura", nada realiza? Ora, dinheiro precisa agora de certificado de origem para poder ser empregado em boas coisas?

Creio mesmo que o cristão precisa deixar de lado a falsa humildade, os conceitos ultrapassados e forjados no falso moralismo, e fazer urgentemente as pazes com o dinheiro.

Queria ver as pessoas que se dizem humildes – apenas por não possuírem todo o dinheiro que gostariam de ter – abandonarem seus apartamentos e casas, doarem seus automóveis, venderem suas posses e doarem o resultado financeiro para os pobres. Muito frequentemente, as pessoas que defendem a ideia da humildade compulsória, da falsa humildade, do poder destruidor do dinheiro, encastelam-se em casas, mansões ou apartamentos se não suntuosos, ao menos confortáveis ou situados em regiões privilegiadas. Têm emprego ou renda de certa forma garantidos, guardam algum recurso em aplicações financeiras e investem em carro novo e na melhoria do ambiente doméstico. Não obstante, prescrevem a humildade e a necessidade de retorno à pobreza, fazendo apologia da miséria e da mediocridade maquiadas de simplicidade. Desfilam como humildes e falam aos amigos e companheiros de trabalho sobre o mal que o dinheiro produz. Deixam os templos religiosos que dizem amar cair aos pedaços; dão contribuição insignificante, se dão alguma, com vistas à manutenção das obras sociais patrocinadas pela religião que afirmam abraçar. Meu Deus, aonde chegamos com nossas ideias e habilidade para distorcer a realidade!

Certo que reconheço a urgente necessidade de sermos mais humildes, mas ainda não conheci nenhuma pessoa, em toda a minha vida, que seja plenamente humilde, no verdadeiro sentido da palavra. Enquanto não conheço alguém assim, com toda essa virtude apregoada por muitos que vivem divulgando suas qualidades cristãs, prefiro lutar pelo progresso, pela valorização da vida, pela erradicação da pobreza e pela alfabetização e educação do ser humano. Essas atitudes promovem o crescimento, evitam a miséria e a ruína da alma, além dos crimes, que tanto chocam as pessoas de bem. Para que isso se concretize, para que se construam escolas e que se invista na promoção humana e social, há que se empregar a força do dinheiro.

Profissionais sérios e capacitados exigem alguma remuneração e razoável volume de investimento. Nunca vi voluntários empreendendo determinados trabalhos, dedicando-se em horário integral às necessidades do povo. Jamais conheci obra social que se mantivesse apenas com orações, sem o influxo do dinheiro, que mantém funcionando a engrenagem do progresso.

Até mesmo Nosso Senhor convidou não uma, mas duas pessoas com habilidade para lidar com dinheiro para que se tornassem seguidores ou discípulos.[1] Sendo assim, como me comportar diante dos desafios da vida material e do desafio maior de implantação do reino de Deus no mundo? Esperar o dia em que o dinheiro chova do céu ou que Deus envie anjos e santos para construí-

---

[1] A autora espiritual refere-se ao publicano Levi (cf. Mt 10:3; Lc 5:27,29), chamado Mateus, autor do primeiro Evangelho, e a Judas Iscariotes, o tesoureiro do grupo (cf. Jo 13:29).

rem, com o poder da mente, hospitais, casas de apoio e orfanatos, mantendo nossas instituições beneméritas com nada além de milagres e prodígios?

Estou convencida de que os anjos do Senhor jamais serão santos, pois os santos preferem ficar de braços cruzados, ignorando a necessidade de se misturarem à massa, dar qualidade e fermento à multidão. Preferem criticar aqueles que tentam fomentar o progresso e inspirar a utilização dos bens e talentos doados e confiados pelo Pai. Os anjos ou emissários de Cristo, normalmente, estão encastelados em corpos humanos, camuflados, ajudando quanto podem. Muitas vezes, disfarçados na pele de um empresário, de um homem de bem, de um cidadão comum, mas trabalhando o tempo todo pelo bem da comunidade. Buscam e respiram o progresso, geram trabalho, emprego, impostos, renda e ainda patrocinam a educação e a cultura. É preciso não ignorar os recursos que o mundo possui, inspirados pela força do progresso, a fim de fazermos no mundo a obra do reino de Deus.

8

AI, QUE MEDO DOS SALVOS!

"Veio o Filho do homem, que come e bebe, e dizeis:
Eis aí um homem comilão e bebedor de vinho,
amigo dos publicanos e pecadores."

Lucas 7:34

QUEM ESTÁ SALVO? Salvo de quê? Quem está perdido? Vejo cristãos digladiando entre si para arrebanhar almas de outros apriscos, fiéis de outras igrejas, a fim de engrossar as fileiras que representam sua forma de ver e pensar a vida. Que vantagem há nisso? No momento em que alguém resolve dizer que está trabalhando para Cristo, que está convertendo almas para o Senhor, fico a imaginar se não está, na realidade, tão somente arrebanhando prosélitos para sua religião como soldados para um exército, talvez para sentir que está com a razão na forma que elegeu para ver e interpretar as leis da vida. Se sua religião tem sucesso e apelo popular, então deve ser boa mesmo. Será esse o raciocínio?

Enfim, acredito piamente que Cristo está distante desses debates, fundamentalismos, interpretações e apologias de certos pensadores, pregadores e defensores daquilo que chamam de verdade. A religião e os religiosos já fizeram muito estrago na vida de muita gente boa em todo o mundo. Viver a religião longe do *amai--vos uns aos outros* é algo perturbador e muito mais perigoso do que se pode imaginar. Não vejo amor em se dizer que o outro é menos salvo, menos bom e menos certo do que eu, e que apenas se aceitar minha forma de ver o mundo, de interpretar Deus, ele passa a ser bonzinho, eleito e tão certo quanto penso que sou. A partir de então, estão reservadas a ele as bênçãos eternas. Será mesmo que somos tão pueris?

Sinceramente, onde está a salvação tão falada, a coerência com a mensagem de Cristo, se passo a fazer distinção entre aqueles que pensam como eu e aqueles que não pensam igual a mim ou de acordo com a interpretação que minha igreja tem a respeito da verdade? Vejo uma perda de tempo imensa por parte de cristãos que ficam o tempo todo tentando provar a superioridade espiritual, a elevação moral ou o *status* de salvo que supostamente ostentam, em oposição àqueles que não comungam com sua forma de pensar.

Há tantos movimentos de renovação espiritual na história do cristianismo que não consigo compreender por que nossos irmãos cristãos não se entendem nunca e não chegam a conclusões simples sobre a sua vida espiritual. Inventamos tantas coisas, tantos acessórios ao longo da história de nossas religiões, que dificultamos para os simples a vivência espiritual enriquecedora. Colocamos traves nos nossos olhos e tentamos tirar dos olhos alheios o tampão que os impede de ver.[1] Em outras palavras: por que não empreendemos semelhante cota de energia para fazer um movimento de renovação íntima, mergulhando fundo nos conceitos de amor, fraternidade, amizade, boa vontade e caridade, de que tanto falam os Evangelhos? Preferimos mergulhar em discussões intermináveis tentando provar que o outro é do diabo, que irá para o inferno ou que ficará nas trevas, no lado dos opositores de Cristo.

Não sei, não, mas, quanto a mim, prefiro ir para o inferno e para onde se encontram os reais opositores do bem, pois lá terei muito material a ser trabalhado, muita coisa a ser construída e muita gente esperando ser salva das misérias da vida, da pobreza espiritual e da estreiteza de pensamento a que se entregaram. Quem sabe em meio a estes terei muito mais campo de trabalho do que fazendo como certos religiosos, que tentam converter aqueles que já conhecem a Cristo e que estão caminhando no mundo, tentando acertar? Pelo menos, entre os perdidos encontrarei Nosso Senhor disfarçado, envolvido no trabalho de educação do espírito humano, fazendo quanto pode para despertar a chama da fé nos corações empedernidos. Entre os supostos salvos, não terei muito

[1] Cf. Lc 6:41-42.

o que fazer, ou quase nada. Entretanto, não raro estão engatinhando nas lides espirituais; salvos, porém perdidos. Perdidos em disputas e discussões sobre quem é mais salvo, quem é mais especial ou quem merecerá estar mais à direita de Deus, no fim dos tempos.

Mas... Ah! Como se decepcionarão aqueles que assim se comportam, que assim pensam e que se digladiam para parecer melhores que os demais, seus irmãos de humanidade. Cristo, apesar dos cristãos, talvez esteja entre os muçulmanos, os miseráveis, os hindus, os sem religião e até mesmo entre os que rejeitam o deus pregado pelos cristãos, que se intitulam erroneamente de ateus.

Na verdade, os grandes responsáveis pela existência de ateus no mundo são os religiosos. Exatamente, uma vez que aqueles que se dizem ateus ou anticristãos, em sua maioria, são pessoas que pensam mais, que raciocinam com maior profundidade e que, em seus raciocínios, chegaram à conclusão de que Deus não pode ser assim tão mesquinho, tão incoerente, tão irresponsável com seus filhos e criaturas como muitos religiosos o descrevem e tentam pintá-lo. É por isso que prefiro trabalhar com ateus convictos, mas que se mostram sábios espiritualmente e militam em uma visão mais expansiva a respeito de suas responsabilidades para com a humanidade; prefiro estes aos cristãos que se autoproclamam salvos, que se fizeram santos e querem convencer e converter os outros para o credo de sua igreja e a maneira como interpreta Deus e as questões espirituais. O que está em jogo, ali, não é a conversão a Cristo, mas a aceitação do que a religião ensina a respeito dele; não é a luz das ideias libertadoras de Nosso Senhor, mas a conquista de mais um prosélito, de mais uma ovelhinha obediente e cordata.

Atrevo-me a repetir as palavras dos santos Evangelhos que inseri no início de meus comentários: "Veio o Filho do homem, que come e bebe, e dizeis: Eis aí um homem comilão e bebedor de vinho, amigo dos publicanos e pecadores".[2]

Nosso Senhor preferia caminhar entre os pecadores, o povo considerado de má índole, os rejeitados pela sociedade, aqueles que não se classificavam como preferidos, santos ou salvos, pois entre eles encontrou solo fértil para suas palavras; em meio deles é que descobriu uma riqueza imensa esperando para ser canalizada em benefício da humanidade. Foi entre os perdidos que se sentiu mais à vontade para falar de questões transcendentes, de verdades celestiais e, ao mesmo tempo, ser

[2] Lc 7:34.

simples com os simples, ser humano com os humanos, enfim, ser gente como a gente que encontrou pelas vielas, pelas ruas esburacadas ou pelos antros de miséria.

Que bom que entre nós existem os perdidos, ainda! Fico a imaginar que seria do mundo se nele houvesse somente criaturas salvas; que seria do planeta se contasse apenas com santos e dele fossem expulsos os pecadores. Mais ainda: que seria de nós se Deus fosse assim tão incoerente, tão antifraterno, tão intransigente e antipático como muitos cristãos e supostos seguidores e defensores da religião tentam a todo custo fazer crer.

Precisaremos de muito tempo ainda, de milênios de trabalho, para entender que Deus não é aquilo que os cristãos e outros povos fizeram dele. Enquanto isso, sigo trabalhando na escuridão, entre os desvalidos, pois é exatamente em meio aos oprimidos e perdidos que encontrei esse Deus que não achei entre os religiosos e os que se dizem salvos. Ele, o Pai, está escondido entre os sentimentos e emoções daqueles filhos que não têm tempo para ficar disputando uma vaga no paraíso ou no colégio dos eleitos, pois estão ocupados tentando sobreviver, tentando encontrar o alimento para mais um dia de vida ou uma forma mais humana de acreditar, não somente em Deus, mas nos cristãos, também.

9

NÃO EXISTE EVANGELHO SEM ALEGRIA

"E, quando já chegava perto da descida do
Monte das Oliveiras, toda a multidão dos discípulos,
regozijando-se, começou a dar louvores a Deus em alta
voz, por todas as maravilhas que tinham visto."

Lucas 19:37

CRISTÃOS E RELIGIOSOS em geral costumam colocar um fardo muito pesado sobre os ombros, como se a responsabilidade cristã fosse incompatível com a alegria, a espontaneidade ou a felicidade. Já passei por muitos lugares nos quais conheci pessoas de bem, muitas delas dedicadas à causa cristã, a obras beneméritas e sociais, e outras tantas pertencentes a cultos de cunho espiritualista, num sentido mais amplo. Em muitos desses casos, parecia que o trabalho havia deixado de ser algo que gera prazer para se transformar num peso. Muitos proíbem a música, o riso, o sorriso espontâneo, as demonstrações de alegria mais efusivas, com a desculpa de que as questões espirituais exigem seriedade. Meu Deus! Como ignorar as alegrias que a vida cristã produz e provoca naqueles que se dedicam à causa de Cristo? Alegria é coisa séria!

Temos vários exemplos nos santos Evangelhos, a respeito da alegria presente nas vidas daqueles que se dedicam ao trabalho de Cristo. Sem contar que ser alegre, em tese, não depende exclusivamente de a pessoa ser cristã ou espiritualista. Muitos ateus ou pessoas não religiosas, homens ditos do mundo, apresentam uma alegria contagiante, e, muitas vezes, preferi conviver com a alegria daqueles que não se declaram cristãos a compartilhar da aparente seriedade ou rabugice dos que pretendem seguir a Cristo com a amargura estampada no rosto.

Entre os vários exemplos dos santos Evangelhos,[1] vemos inicialmente a alegria dos pastores e das pessoas de hábitos mais simples ao receberem a mensagem do nascimento de Nosso Senhor.[2] Além deles, os Evangelhos falam da alegria dos anjos que se transformou em música, em cantata de amor ao recepcionarem no mundo aquele que seria para sempre conhecido como Cristo Jesus, o Senhor.[3] Agora, me ponho a imaginar, em minha pequenez, a alegria experimentada e demonstrada por nossa mãe santíssima ao saber que seria a genitora do Salvador. Como conter o sorriso, a alegria ou impedir que a música exalasse de sua alma abençoada? Cristo, Ele próprio, ao começar os eventos que lhe marcaram

---

[1] A palavra *alegria* e seus sinônimos figuram mais de 100 vezes somente no Novo Testamento, sempre associadas à exaltação das virtudes celestes.

[2] Cf. Mt 2:10.

[3] Cf. Lc 1:14,44 etc.

a vida pública, iniciou exatamente entre as cítaras, os tamborins, os clarins, as harpas e outros instrumentos musicais que eram costumeiros nas festas de casamento em sua época. Foi em Caná, numa festa de bodas, que ele inaugurou a nova era do seu Evangelho.[4]

Na atualidade, ante os avanços alcançados pelos seguidores de Cristo em todas as áreas de atuação dos povos da Terra, que dizer da necessidade de levar alegria à multidão de famintos espirituais nos cultos, nas pregações, nos encontros e até mesmo na vida de cada um? Como disse, alegria é coisa séria. E nada impede que transformemos os momentos em que nos reunimos em um encontro de fervor, de louvor, ou mesmo de rogativas através da música.

Mas alegria não é somente demonstrada pela música, pelos cânticos de louvor. Sobretudo, alegria é estado de espírito que exala de cada alma em que é profunda a gratidão pela vida. Ser cristão e permanecer rabugento, Deus me livre! Não importa a idade do corpo físico, o estado de saúde ou a situação social. Esteja onde estiver na linha do tempo, na sociedade ou nos desafios encontrados como incentivo ao crescimento, você pode deixar a alegria agir, o sorriso surgir, a gratidão se manifes-

[4] Cf. Jo 2:1-11.

tar. Principalmente se a pessoa está comprometida com o reino dos céus, com o Evangelho de Cristo, mais ainda precisa suavizar as expressões de seu rosto, esvaziar-se do rancor e da amargura. Em suma, atualizar-se nas expressões mais sensíveis e efusivas da alegria.

Em minhas caminhadas, encontrei pessoas muito abatidas pela dor, com pesados fardos de sofrimento, com a alma cansada e o corpo fraco, alquebradas e em profunda aflição física tanto quanto moral, decorrente de suas provas dolorosas. Vi meus pobres, mais pobres ainda do que eu mesma, com as almas dilaceradas pelos dramas e obstáculos da existência. Porém, foi entre essas pessoas que ouvi os mais doces hinos de louvor, as mais pungentes canções que inspiravam esperança. Foi nos guetos, favelas e hospitais, nos hospícios e nas casas de detenção que vi semblantes se iluminarem ao ouvir uma canção que lhes tocava a alma. Muitas vezes permaneci em silêncio profundo, escondida na escuridão de minha própria alma, simplesmente para ouvir uma criança dos guetos, das ruelas ou das favelas de Calcutá cantar uma música que evocasse amor, que falasse de saudade ou que, simplesmente, denotasse fé e esperança na vida.

Eu me sentiria ainda menos do que sou caso não levasse a essas almas necessitadas um pouco mais de alegria, um tanto mais de sorriso ou um dia a mais de contentamento, emoção e calor humano. Entre pessoas de diversas camadas sociais, mas principalmente entre os necessitados moradores das ruas e favelas de diversas cidades, aprendi que alegrar-se é conectar-se ao céu e rir, rir gostosa e espontaneamente; é trazer o céu à Terra.

Nosso trabalho no mundo tem de ser algo prazeroso, alegre, espontâneo, no qual possamos encontrar satisfação plena e deixar essa alegria se manifestar em todas as nossas atitudes e ações no cotidiano. Não falo apenas da alegria que se manifesta pelo sorriso, que já traz, por si mesma, forte potencial de cura para a alma. Falo também da vivência saudável de experiências do dia a dia, de absorver, através dos sentidos, a beleza da vida, da arte, isto é, das experiências que enriquecem a alma humana. Viver uma vida intensa, plena de expressões do belo – sejam tais expressões de caráter plástico, como na arte e nas manifestações da natureza, ou afetivo e mais impalpável, como nos encontros sociais –, significa deixar a alegria entrar em nossa vida. Essas experiências também estimulam o cristão nos momentos de dedicação mais direta e exclusiva às questões espirituais. Alegria é coisa séria no céu e nas regiões mais sublimes, das quais nos falam os Evangelhos. Tantos santos, anjos ou homens redimidos aparecem em relatos entoando um "cântico novo",[5] e aqueles que, para nós, transforma-ram-se em referência nos caminhos de espiritualização são retratados, simbolicamente, tocando harpas e exaltando as belezas de Deus e da criação com seus hinos de louvor e adoração.

Viver no mundo sem deixar-se tocar pela alegria ou sem deixar que a alegria exale de sua alma é viver de maneira a dar testemunho contrário ao Evangelho que abraçamos. Representamos um reino que é apresentado como sendo uma boa-nova, uma mensagem de alegria, e é com essa alegria que nos cabe exibir, no mundo, a imagem de um Cristo jovem, envolvido com as questões humanas, que participa do dia a dia do homem terreno e com ele caminha pelas estradas da Terra.

[5] Sl 96:1; 98:1; 149:1; Is 42:10; Ap 5:9; 14:3.

10

EM VEZ DE EXIGIR, HUMANIZAR AS RELAÇÕES

"Nisto todos conhecerão que sois meus discípulos,
se vos amardes uns aos outros."
João 13:35

NO TRABALHO QUE ABRAÇAMOS em nome de Cristo, uma das coisas mais complexas que vejo é domar nossa natureza, que cobra dos outros aquilo que nós não conseguimos ainda solucionar em nós próprios. Exigimos de empregados, colegas de trabalho e pessoas em geral, que são apenas passantes em nossa vida, extraordinária dedicação e conhecimento de causa, esquecendo que igualmente não dominamos as situações. Quando essas pessoas erram, quando não atendem nossa expectativa, irrompe de nossa alma tamanha violência, uma reação emocional de fúria ou de decepção, que dá vontade de deixar tudo de lado e sumir do mapa. Ao observar isso, fico a imaginar se não estamos fugindo de algo mais profundo em nós mesmos, que não queremos enfrentar. Afinal, somos também aprendizes, e o trabalho que realizamos não é nosso; não somos seus donos nem mesmo detemos conhecimento completo de todas as situações que o envolvem.

Quando administramos a tarefa a nós confiada e nos sentimos senhores que se apropriaram indebitamente do comando geral, permitimo-nos chegar atrasados, na hora que quisermos; desculpamos nossa atitude dizendo que somos os dirigentes e estamos muito cansados. Precisamos de mais repouso, dormir mais e, afinal, temos outros compromissos aos quais precisamos nos dedicar. No entanto, cobramos dos demais pontualidade, assiduidade e dedicação em níveis que nós mesmos não temos. Será que os outros não se cansam, também? Será que não têm compromissos, como nós? Nossa alma se abre em raiva e fúria quando somos questionados. Preferimos que os outros se calem diante das nossas necessidades, e até nos tornamos arrogantes, fazendo de tudo para não ter de dar a mão à palmatória e reconhecer nosso fracasso em administrar o tempo, nossa enorme preguiça disfarçada de cansaço e nossa tendência de nos irritarmos com pequenas coisas e com deslizes e erros alheios.

Por sua vez, essas pessoas estão cheias de nossas explosões emocionais. Mesmo aqueles que julgamos mais íntimos e que compartilham conosco a experiência do comando, da direção da atividade, estão fartos, sobrecarregados, sem saber o que fazer com tanta irritabilidade, tanta raiva, tanto amargor que exalamos de nossa alma. Sim, porque essa explosão de emoções tem sua origem em nossa alma, que está enferrujada, desgastada com a pretensão de que comandamos alguma coisa, com a ilusão de que somos donos do trabalho, quando os verdadeiros donos se mantêm invisíveis, quase distantes, observando-nos, dando-nos uma chance de nos modificarmos.

Amabilidade e doçura fazem bem a qualquer relacionamento. Somos muitas vezes tolerados, não respeitados; podemos ser obedecidos, mas não amados ou admirados, devido ao nosso jeito tempestuoso de reagir, de agir, de ver a situação ao nosso redor. Nesse caso, estamos em estado de emergência espiritual e emocional.

Para alguns, não importa se não são amados, respeitados ou admirados. Contudo, da forma como são, será muito mais difícil atrair coisas boas, colaboradores e parceiros de verdade, ou colegas de trabalho em que possam confiar. Continuarão sempre insatisfeitos e muito mais: ficarão raivosos, irritadiços, indignados, irados. Não conseguirão colher aquilo que não plantaram. Somente refazendo em nós os sentimentos, modificando as atitudes, as emoções, é que colheremos da vida aquilo que esperamos. Ser mais amável, mais doce, mais humano nas relações é simplesmente ser mais sábio e inteligente, pois os resultados esperados ou aguardados estarão em sintonia com essa nossa forma de tratar, de ver a vida e as pessoas, e com a satisfação que conseguimos obter no trabalho.

Quando estamos insatisfeitos com o trabalho, com as pessoas, com as tarefas a nós confiadas, quem sabe seja melhor ceder ao impulso de tirar férias prolongadas, mudar de ares e retemperar-se, para voltar refeito ao cotidiano? Um pouco de doçura talvez humanize mais as relações do dia a dia e – quem sabe? – nos faça ver que nós também erramos. O difícil é admitir quanto erramos, reconhecer esse fato perante o outro e pedir desculpas àquele que, infelizmente, colocou-se sob nossa mira. Sim, temos também o costume de colocar determinadas pessoas em nossa mira e jamais esquecemos seus erros, muito embora elas também acertem. Essa mira é para nos despejarmos, nos descarregarmos, nos justificarmos até mesmo nos menores erros dessa pessoa.

Acredito ser lamentável que nós, cristãos, ainda estejamos agindo assim depois de 2 mil anos de cristianismo. Desumanizamos nossas relações em razão de um zelo excessivo por algo que não é nosso; na realidade, somos apenas coadministradores. Humanizar as relações, nesse caso, será uma postura inteligente, pois, se estamos nesse caminho de insatisfação, raiva e intolerância; se percebemos erro em tudo e em todos; se não conseguimos reencontrar o amor perdido pela tarefa que realizamos ou não vemos mais satisfação naquilo que fazemos, é sinal de que estamos precisando urgentemente de socorro espiritual.

Na equipe que Nosso Senhor chamou para revolucionar o mundo, podemos encontrar dificuldades e defeitos próprios dos agrupamentos humanos, mas jamais devemos perder de vista certos valores e virtudes que definem a política de Cristo, tais como amor, humanização, delicadeza, doçura e amabilidade nas relações, além de motivação com o trabalho. Enquanto não desenvolvermos isso tudo em nós, a única saída é culpar os outros, retirar do caminho pessoas que veem nossos defeitos, dispensar aqueles que não comungam nosso jeito de agir. Isso porque, segundo percebemos, somos nós os certos, e, pelo menos no meio em que convivemos, vemo-nos como os únicos a se dedicar mais corretamente ao trabalho. Se é assim, necessitamos de ajuda espiritual, da forma como acreditarmos. Nosso caso é de emergência, sob todos os aspectos. Precisamos mais de orar, de ter um relacionamento mais direto com Cristo, pois é Ele o verdadeiro administrador de todo departamento do planeta Terra.

Pensando nisso, queria indicar um texto de Paulo de Tarso, no qual o apóstolo apresenta um caminho de transformação de nossa realidade íntima. Indica ele:

"Procurai com zelo os melhores dons; e eu vos mostrarei um caminho mais excelente".[1] Em seguida, no capítulo 13 de sua carta aos crentes da cidade de Corinto, introduz a excelência do amor sobre todas as coisas. Recomenda desenvolver o amor nas relações, ao falar, interpretar e se comunicar, interagindo com o próximo: "Ainda que eu falasse as línguas dos homens e dos anjos, e não tivesse amor (...)".[2] Fala da importância do mais nobre dos sentimentos no momento em que distribuímos ou compartilhamos o conhecimento: "E ainda que tivesse o dom de profecia, e conhecesse todos os mistérios e toda a ciência, (...) e não tivesse amor, nada seria".[3] Enfatiza o papel do amor sobretudo no trato com os semelhantes: "Não se porta com indecência, não busca os seus interesses, não se irrita, não suspeita mal; Não folga com a injustiça, mas folga com a verdade; Tudo sofre, tudo crê, tudo espera, tudo suporta".[4]

E, sempre que aponto as minhas próprias falhas, lembro-me também destas palavras do apóstolo, que nos oferecem grande alento, em face do muito que te-

[1] 1Co 12:31.

[2] 1Co 13:1.

[3] 1Co 13:2.

[4] 1Co 13:5-7.

mos a aprender: "O amor *nunca* falha".[5]

Sob esse aspecto, o do amor em ação, é-nos apresentada a excelência do caminho de Cristo, que ainda estamos distantes de compreender em sua amplitude. No entanto, se na caminhada somos capazes de identificar em nós, em nosso comportamento, aquilo que precisa de intervenção cirúrgica, que precisa ser reelaborado, é que já estamos no caminho do Evangelho, pois houve maturidade suficiente para admitir que precisamos melhorar. Ao contrário, caso não tenhamos consciência de nossa necessidade de melhorar e dos pontos que pedem revisão, não há sequer como conceber uma ajuda concreta de Deus, pois nem mesmo chegamos à conclusão de que precisamos dessa ajuda.

Sendo assim, ao vivermos uma experiência com o Cristo interno e desenvolvermos um relacionamento com o Cristo em nós – "esperança da glória"[6] –, conseguiremos perceber os espinhos na carne, e, através da fé, essa união mais íntima com Deus e Cristo, certamente os superaremos: "Mas em todas estas coisas somos mais do que vencedores, por aquele que nos amou".[7]

[5] 1Co 13:8. Grifo nosso.

[6] Cl 1:27.

[7] Rm 8:37.

DESENVOLVER A COMPAIXÃO

"Admoesto-te, pois, antes de tudo, que se façam deprecações, orações, intercessões, e ações de graças, por todos os homens. Pelos reis, e por todos os que estão em eminência, para que tenhamos uma vida quieta e sossegada, em toda a piedade e honestidade. Porque isto é bom e agradável diante de Deus nosso Salvador."

1 Timóteo 2:1-3

COMPAIXÃO É UM sentimento muito importante para a vida cristã. O foco principal da compaixão é o alívio da dor e do sofrimento do próximo. Mas também podemos estender a compaixão à natureza, aos animais, a tudo que vive e vibra.

Falar de compaixão é falar da dor, do sofrimento do ser humano. Mas não me refiro apenas à dor causada pela enfermidade; sobretudo, quero dizer da dor sentida no coração, aquela dor que muitas vezes não é traduzida em lágrimas ou em pranto. Há pessoas sofrendo ao nosso redor, com as esperanças despedaçadas ou a fé destruída. Nem digo a fé em Deus, mas no mundo, no homem.

Alguns fazem de tudo para auxiliar aqueles que amam. Desfazem-se de bens, de situações que lhes seriam tão necessárias quanto urgentes, em nome de alguém que amam. Porém, quando precisam de apoio dessas mesmas pessoas, acabam se percebendo abandonados, sozinhos para tomar decisões. Veem-se muitas vezes ignorados por aquelas criaturas pelas quais fizeram algo de importante e que amam. Essa situação causa uma espécie de sofrimento íntimo difícil de descrever. Um sofrimento real, embora não baseado em dores físicas, mas morais. É comum, em casos como esses, a pessoa perder a fé no ser humano; deixar-se envolver pela amargura ou quem sabe sentir-se abandonada, destruída intimamente. Esse é um tipo de dor que não podemos ignorar.

Outras dores afligem a humanidade, os homens com os quais deparamos no dia a dia, desde a falta de pão e teto para dormir e viver dignamente à falta de recursos financeiros para suprir as necessidades básicas de saúde e alimentação. É certo que grande quantidade de males não teremos condições de solucionar, pois isso não depende somente de nós. Muita coisa depende do contexto criado pela pessoa ou da situação social vigente, envolvendo a necessidade de políticas públicas mais justas e humanas. No entanto, não me refiro a solucionar situações aparentemente irremediáveis; falo do sentimento cristão de compaixão, de compadecer-se pela situação alheia, de ser solidário com o próximo.

Quantas vezes a palavra de um amigo não nos refaz sensivelmente diante de certas dificuldades e desafios que enfrentamos em nosso dia a dia? Como não valorizar a mão amiga ou o ouvido de alguém que, em silêncio, nos ampara e socorre, escutando os motivos de nossa aparente infelicidade, sem emitir julgamentos mesmo quando discorda de alguma postura adotada? Imagino quantas coisas parecidas não poderíamos fazer pelo semelhante. Quem sabe pelo próximo mais próximo, ou mesmo por aquele que nos socorreu quando necessitamos? Para simplificar, podemos avaliar quanto foi importante para nós o apoio que tivemos em momentos complexos, em desafios nos quais nos sentimos infelizes ou sem saída. Justamente nessa hora grave, apareceu uma alma amiga, que nos acolheu e nos deu o apoio necessário, embora os sacrifícios que teve de fazer.

Assim sendo, a questão da compaixão nem precisa se estender a toda a humanidade, se ainda não estamos preparados para tanto. Mas que tal começar o exercício da compaixão exatamente com aqueles que nos apoiaram quando necessitávamos? É um bom começo, a fim de exercitarmos a capacidade de nos solidarizarmos com o sofrimento maior: o da humanidade. Iniciar em torno de nós, fazendo algo, ao menos ouvindo aqueles que dizemos amar e que, um dia, fizeram algo em nosso benefício, discretamente. Nesse instante, estaremos nos habilitando para voos mais altos na vida cristã.

Deus não nos pede grandes coisas, mas pequenas coisas com amor. E digo que atitudes como essas às quais me refiro, no que tange ao próximo mais próximo de nós, nem mesmo posso catalogar como compaixão, em minha pequenez. Para mim, é apenas um exercício ao qual dou o nome de obrigação moral. Com o tempo, estenderemos o mesmo sentimento a pessoas às quais julgamos não dever nada; mais ainda, começaremos a orar por elas, pela humanidade, pelos dirigentes dos países, pelos povos que sofrem mais intensamente. Aí, sim, estaremos no exercício diário da compaixão. Deixaremos nosso coração mais sensível às questões que afetam nosso semelhante. E como tem gente necessitada da nossa compaixão... Como existem pessoas que estão sofrendo muito mais do que imaginamos, e nossas orações podem aliviá-las, mesmo que nunca nos tenham visto.

Será que imaginamos o sofrimento de um chefe de estado ao ver o povo sob sua liderança em situação alarmante e ele, mesmo tendo boa vontade genuína, por si só não pode fazer muito ou quase nada para reverter o quadro desfavorável? Será que percebemos que esse líder depende de uma série de outras vontades, de outras pessoas em posição de comando, a fim de executar os planos mais difíceis, porém necessários? Como não imaginar a angústia de alguns médicos ao ver seus pacientes em condições inadequadas e se sentir atrelados a contingências do sistema de saúde, impotentes para realizar mais do que lhes é permitido e que, por vezes, não é suficiente? Como não se comover com a dor de uma mãe que presencia a morte de um filho às portas do hospital, sem nada poder fazer, nem sequer obrigar a agir quem poderia fazer algo, porque é vítima do descaso?

Enfim, ficaria aqui por longas linhas apontando diversas dificuldades e sofrimentos muitas vezes inenarráveis por seus protagonistas. Entretanto, quero enfatizar é quanto podemos fazer; quero dizer do coração amigo que podemos ofertar, do choro e das reclamações que podemos ouvir – e, quem sabe, apenas permanecer em silêncio? Amparar através de um gesto de carinho, do olhar, do afago. Quero dizer de comover-se com a dor do próximo, seja qual for o tipo de dor.

Sei, por experiência própria com os meus pobres, que muitas são as vezes em que não podemos fazer quase nada além de rezar em silêncio, pedindo a misericórdia para os que sofrem. Houve diversas ocasiões em que chorei junto aos mais necessitados, nem sempre por eles, mas por minha incapacidade de auxiliar, de fazer mais, ou alguma coisa sequer. Como me senti inútil em inúmeras ocasiões! Como chorei por não me sentir à altura de ajudar os convidados do Senhor, os enviados do calvário. Mas, em minha pequenez, muitas vezes fiz a única coisa que eu sabia e podia fazer naqueles momentos: eu rezei! Simplesmente rezei. E hoje vejo, mais do que nunca, que o poder da oração, quando nada mais podemos fazer, é muito forte. Quando não temos a resposta para as duras questões que encontramos na vida dos filhos do calvário, a oração sincera e sentida move a mão de Deus e faz brotar vida onde antes só havia morte e pranto. Talvez seja assim que eu tenha aprendido um pouco de compaixão.

Portanto, quero convidar você, que lê estas palavras, a começar em torno de si, procurando aqueles companheiros que o auxiliaram alguma vez, pelos quais diz guardar gratidão. Comece ouvindo-os, amando-os em silêncio, dando-lhes a chance de dividir com você as angústias, os desejos, as necessidades. Talvez você nem possa socorrê-los diretamente, mas ofereça alguma ideia, compartilhe algo que brota dentro de você, deixe que tais pessoas percebam que está realmente interessado em auxiliá-las. E não tente dissuadi-las de suas ideias. Que tal auxiliá-las como elas fizeram com você no passado? Tente, por alguns momentos apenas, estender-lhes a mão, o carinho, o interesse, e demonstrar que realmente se importa com elas. Esse é um exercício que pode nos levar a experimentar a compaixão.

Deixe-se arrastar pelo coração do próximo mais próximo de você. Esteja esse próximo num tapete de ouro ou num apartamento elegante, numa choupana ou, talvez, numa favela, ele pode ser um enviado do calvário, e você pode nele descobrir Cristo disfarçado, esperando-lhe o apoio generoso, de modo que possa renascer, uma vez mais, sua esperança e confiança no ser humano, na humanidade.

12

SEGUIR A CRISTO
É SEGUI-LO ATÉ O CALVÁRIO

"E chamando a si a multidão,
com os seus discípulos, disse-lhes:
Se alguém quiser vir após mim, negue-se a si
mesmo, e tome a sua cruz, e siga-me."

Marcos 8:34

ODEMOS TER À NOSSA FRENTE um evento impactante de qualquer natureza, ao qual geralmente damos o nome de *problema*. Dependendo de nosso ponto de observação e de nossa perspectiva de espiritualidade, chamamos de *desafio* os acontecimentos ou situações do gênero. E há, ainda, aqueles fatos que causam impacto ainda mais grave em nossas vidas, os quais denominamos *obstáculos*. Evidentemente, a maneira de classificar cada ocorrência depende da maturidade alcançada, e a situação pode ser vista segundo uma ótica infantil, adolescente ou romanceada, pontos de vista eventualmente presentes em nossa forma de interpretar as coisas ao redor.

Acredito piamente, como disse o apóstolo Paulo, que precisamos deixar as coisas de menino, do ponto de vista espiritual, e passar a recorrer, o mais breve possível, ao alimento adulto.[1] É importante acordar para a realidade por vontade própria, ou a própria vida nos acordará com impactos que marcarão nossas almas, não nos

[1] Cf. 1Co 13:11.

dando tempo de chorar, de nos achar melhores ou merecedores de maiores cuidados que os demais seres humanos do planeta.

A nenhum dos seguidores de Cristo está reservada uma cruz acolchoada ou feita de veludo. Pelo menos, nunca vi nada do gênero. Sejam quais forem os eventos e o modo como os interpretamos em nossa visão acanhada e em nosso melindre particular, cruz sempre foi cruz, e não conheço nenhum seguidor do bem que não tenha a sua. Carregar a cruz não é uma opção para o cristão – aliás, para ninguém. Talvez a opção seja exatamente a *forma como* carregá-la. É algo inerente à caminhada cristã o fato de cada um levar o seu fardo, a sua cruz, embora não esteja em nosso poder transformá-la numa cruz de veludo, de seda ou de cristal. Para entender isso, basta olharmos com uma visão sem pieguismo o farto material que nos legaram os apóstolos, nos escritos dos santos Evangelhos.

Tivemos um mestre, um professor, um senhor ao qual não foram poupados os desafios inerentes à caminhada humana. Em princípio, o cristão, o defensor das ideias exaladas nos santos Evangelhos, aceita de bom grado a presença de Cristo em sua vida, sua influência sobre seus caminhos, e, através das orações, tenta de alguma forma e em algum momento de sua vida conectar-se com o pensamento vivo de nosso Mestre. No entanto, convém observarmos, todos que pretendemos seguir a Cristo, que Ele não é somente o mestre, o professor bondoso ou o amigo que nos consola. Se aceitamos por mestre aquele que veio de alguma forma nos ensinar a viver com maior qualidade de vida, por que não o aceitamos também como senhor? Aceitá-lo em nossas vidas como senhor implica submissão aos seus ensinamentos, a mandamentos como: *amai-vos uns aos outros, tomai cada um a vossa cruz e sigai-me,*[2] entre outros desdobramentos de sua nova lei. É incrível que tão frequentemente aceitemos o Jesus bonzinho, o mestre tão amável, sem percebermos que essa é uma interpretação parcial ou superficial da personalidade e dos ensinos desse mestre, que em nada se mostra superficial.

Entre tantos outros, Jesus desempenhou determinado papel que foi de grande importância na vida dos apóstolos: o de acordá-los para a realidade da vida social de qualquer cristão. Isto é, deixá-los conscientes da natureza das provações que os esperavam tanto quanto tirar o véu da ilusão que mostra caminhos floridos para seus seguidores. Em nenhum momento, Cristo os levou a pensar num paraíso próximo ou na conquista de um

[2] Cf. Mt 10:38; 16:24 etc.

céu sem lutas, tampouco prometeu tranquilidade na caminhada de implantação da política do Reino. Pelo menos, nunca li tais coisas nos Evangelhos.

Tenho aprendido, ao longo de toda a minha vida, que Cristo trata seus seguidores de maneira intensa, sem poupá-los das lutas e dificuldades, dos problemas e desafios, das guerras internas e das decepções ao longo do caminho. Talvez, por isso mesmo, Ele teve e tem tão poucos seguidores verdadeiros, nos últimos 2 mil anos. Cristão que pretende ficar sentado ou de braços cruzados, lamentando as dificuldades da vida ou querendo "servir a dois senhores"[3] – às coisas do mundo e às do Reino –, lamento dizer, mas preciso ser sincera: está enganado quanto ao mestre que está seguindo. Na filosofia de Cristo, pelo que tenho experimentado e visto na história de seus seguidores legítimos, a cruz precisa ser carregada e ninguém tem a opção de evitá-la ou torná-la mais leve do que aguenta. Isso é um fato. Você pode ficar lamentando o peso de sua cruz, olhando para ela, ou tomá-la sobre os ombros, na medida de suas forças, e honrar o compromisso assumido em nome daquele que não foi poupado de nenhum desafio.

Costumamos ver Cristo caminhando entre as pe-

[3] Mt 6:24; Lc 16:13.

dras de um caminho empoeirado e sujo, nos percalços de uma estrada tortuosa. Ou entre comportamentos incoerentes da multidão, ora aclamando-o com hosanas e suplicando curas, ora gritando o repúdio à sua obra, sintetizado na condenação final: "Crucifica-o, crucifica-o!" – palavras que ainda hoje repercutem em nossa alma. Então, me ponho a imaginar, em minha limitação de entendimento: se o mundo não poupou o próprio Senhor e Mestre, como esperar que poupe aqueles que são somente seus seguidores? Ainda que adequados ao limite e à capacidade de cada um, todos viveremos os desafios que nos cabem, nosso calvário particular. Sinceramente, não encontrei resposta compatível com a ilusão de alguns, de estar acima desses princípios, tampouco com a tendência de outros, que não se fartam da ociosidade e da acomodação. Cristão naturalmente se cansa como qualquer outra pessoa, e descansa, também, embora tenha visto quem enfrenta tamanhos desafios a ponto de descansar carregando pedras ou dormir com um olho aberto e outro fechado, vigiando sem cessar.

Quem sabe você, que detém uma interpretação mais moderna das palavras de Cristo, possa me dizer: "Teresa, você é dura demais, exigente demais". Nesse caso, retruco advogando meu direito de pensar diferente e de expor meu pensamento. Mostre-me algo diferente nas vidas de quem quer que seja que tenha seguido a Cristo. Mostre-me um caminho melhor e mais eficaz para a transformação do homem do que o enfrentamento de suas próprias fraquezas, dificuldades, problemas ou seja qual for o nome que você queira dar aos desafios que Cristo chama de cruz. Talvez você esteja imaginando que, ao falar de cruz, eu esteja fazendo apologia do sofrimento. Não se trata disso. Sofrer é uma opção sua, minha, da humanidade. Mas a cruz, o desafio, os problemas, pelo menos neste mundo, não são opções, são uma realidade com a qual temos de lidar dia após dia. No trabalho de Cristo, essa é uma realidade à qual não podemos nos furtar.

O que quero dizer mesmo é que nós, cristãos, precisamos abandonar a ilusão de que tudo será mais fácil para nós ou menos desafiador. Jamais foi assim para Cristo, para seus discípulos, nem sequer para seus seguidores. E se você, como cristão, espera algo diferente em seu trabalho, ao qual se dedica em nome do bem da humanidade, está lendo o Evangelho de ponta-cabeça. Cristo jamais prometeu vitória sem lutas, nem céu sem escalada, nem ruas floridas e caminhos aplainados para seus seguidores. Se me recordo bem, as palavras foram estas: "E porque estreita é a porta, e apertado o caminho que leva à vida, e poucos há que a encontrem".[4]

Sendo assim, o caminho de Cristo não é exatamente o do sofrimento, mas o de desafios constantes; não é o da dor, mas é aquele que aprimora a alma como um buril lapida o diamante.

Nesse processo, deve-se levar em conta a preciosidade que o cristão representa para seu Mestre. Convém relembrar, para que não se incorra em erros de interpretação, as palavras inspiradas pelo próprio Cristo: "Eu repreendo e castigo a todos quantos amo".[5]

Em minha visão das palavras de Cristo, compreendo que, tanto nesta passagem como em várias outras, a palavra *castigar* significa *ensinar*. Trata-se de uma forma de mostrar, de forma veemente, o caminho da ascensão humana. Podemos ver isso na simbologia do Senhor crucificado no Gólgota, ao enfrentar seu martírio de braços abertos, mesmo tendo sido abandonado por seus seguidores, que temiam punição semelhante para si. Morreu mostrando que, pelo menos em nosso mundo, o caminho da ascensão ainda será, por longo tempo, uma espécie de calvário, repleto de desafios e lutas inerentes ao

[4] Mt 7:14.

[5] Ap 3:19.

embate entre o reino de Cristo e o reino do mundo.

De minha parte, ainda não encontrei forma melhor de crescer, de enfrentar a vida e os desafios que lhe são naturais, senão de braços abertos, elevando-se entre a Terra e o céu, perseverando até o fim, feito Cristo no Calvário. Nem tão ligado ao chão, simbolizando uma visão distorcida, inferior e acanhada, nem tão santo e perfeito a ponto de nos distanciarmos daqueles que sofrem. É o caminho do meio, entre o céu e a Terra. Assim ficou Nosso Senhor erguido na cruz, não para fazer apologia do sofrimento e da dor, mas para dizer a nós, mensageiros da sua ressurreição, que não há como renascer sem morrer primeiro;[6] não há como a semente crescer, sem antes ser lançada ao solo e morrer, para depois germinar.[7] Não existirá tão cedo um caminho diferente daquele que representou o calvário, a cruz, o desafio de implantar a política divina do Reino em meio à terra ressequida, ao gólgota do coração humano.

E se, em algum momento, as coisas são diferentes; se, ao longo da caminhada, podemos usufruir de momentos de tranquilidade, para respirar mais intensamente ares benfazejos, é apenas para reabastecer as

[6] Cf. Jo 3:3,7.

[7] Cf. Jo 12:24.

forças e prosseguir as lutas abençoadas e os desafios costumeiros, que farão de nossos espíritos estrelas que comporão a coroa do grande rei, Jesus, o Cristo. Não nos equivoquemos, porém: Jesus nunca nos enganou, prometendo facilidades. Ele sempre mostrou honestidade intelectual e transparência incomuns, testificando a verdade para aqueles que o seguiriam. Somente ouvindo suas palavras, digamos, com o sonido certo, com o timbre correto e com os sentidos apurados, é que entenderemos por que Cristo tem tão poucos seguidores genuínos.

13

REVER O VALOR DAS AMIZADES, SEM PUDOR

"Eu, porém, vos digo: Amai a vossos inimigos,
bendizei os que vos maldizem,
fazei bem aos que vos odeiam,
e orai pelos que vos maltratam e vos perseguem;
para que sejais filhos do vosso Pai que está nos céus."

Mateus 5:44

O QUE REPRESENTA A amizade para você? Ela é uma forma de manifestação do amor. Falar de amizade é descrever o amor em uma de suas feições mais belas. No entanto, facilmente se confunde amizade com cumplicidade, e elas não são a mesma coisa.

Nas relações de amizade, procura-se desenvolver o amor que se manifesta de maneira espontânea, sem segundas intenções e sem que as partes visem simplesmente beneficiar-se com alguma coisa do outro. É impalpável, baseada nos sentimentos, que se intensificam à medida que as pessoas se conhecem. Nesse tipo de manifestação de amor entre os homens de bem, as partes não se pautam pela obtenção de lucro ou vantagens de qualquer espécie, mesmo que morais. Há um entranhamento de emoções, muitas vezes inexplicável; uma interação de energias, com forte abastecimento vital, durante os momentos em que os envolvidos estão próximos. Portanto, na amizade verdadeira, há troca energética de grande intensidade, gerando uma sensação mútua de saciedade emocional.

Contudo, há o outro lado da moeda, que pode muitas vezes ser confundido com amizade, mas que não passa do que chamo de cumplicidade. Esse tipo de relação geralmente se estabelece sobre bases diferentes das que sustentam a amizade, e os cúmplices sabem muito bem, embora nem sempre falem abertamente, que se beneficiam de algum modo da proximidade entre eles. Não significa que a cumplicidade seja ruim em si mesma, mas não se pode confundi-la com amizade. Há um pacto silencioso – embora nem sempre – de benefícios mútuos, que é patente na cumplicidade. A isso não se pode chamar de amizade, pois, diante do menor tropeço ou de quaisquer obstáculos que façam cessar o ganho ou o benefício pelo qual cada uma das partes anseia, a relação imediatamente esfria ou se dilui. Via de regra, quando se atinge esse ponto em relacionamentos do tipo, instaura-se uma espécie de degeneração, isto é, a máscara cai ou é retirada, mesmo que os envolvidos não se apercebam disso no primeiro instante.

Como se vê, amizade é diferente de cumplicidade, pois, se uma é manifestação do amor, a outra é manifestação do interesse, ainda que possam ser interesses bons. Não raro, o amigo está presente nas horas mais difíceis tanto quanto em momentos de alegria, mas se manifesta, faz-se presente de alguma maneira e deixa-se envolver, pois quem ama se envolve. A amizade real, genuína, vence os maiores obstáculos e não recorre a máscaras quando não se pode fazer notar; não precisa de desculpas quando tem algum impedimento para se manifestar ou dar apoio à pessoa amada. É, pura e simplesmente, transparente.

Em minhas andanças, conheci várias pessoas de bem, pessoas pobres, outras ricas, alguns políticos e outras mais ligadas à religião; tive como companhias desde o plebeu e o pária até nobres e princesas. Sinceramente, aprendi muito com as amizades, e com efeito lamentei quando perdia qualquer uma delas, devido à força do destino, que as levava para longe.

Certa vez, uma princesa aproximou-se de mim tão sem atrativos mundanos, tão de peito aberto e despida de máscaras, que a vi como uma amiga de longa data, uma pessoa comum, uma alma destituída de *glamour*, embora vivesse entre brilho e holofotes. Conversei com uma mulher, apenas, que, como todo ser humano, mostrou suas angústias, o vazio de sua vida íntima, enquanto desempenhava uma função no mundo, entre estrelas passageiras. Fiz amizade com uma estrela, que se transformou na rosa do Reino Unido. Amiga das crianças, dos portadores de aids, dos oprimidos, sua trajetória provou ao mundo que a verdadeira amizade pode ser cultivada em qualquer posição social. Mesmo aqueles que ocupam determinada posição de destaque podem deixar o coração ser tocado pelo amor e expressar-se pela amizade, através de atos singelos, de atitudes que demonstrem coração.

Nem sempre os convidados de Jesus fazem amizade com pessoas consideradas de bem. Muitas vezes, somos guiados por uma força maior, uma inspiração ou um rumor do espírito que nos leva a procurar aquelas almas consideradas espúrias, complicadas, endividadas com Deus e com a sociedade. Daí, podem nascer frutos, emergir experiências, sobressair rasgos de luz dentro de almas consideradas perdidas para o mundo.

Eis o que aconteceu, no meu caso particular. Entre aqueles que pretendem ser seguidores de Cristo, entre os que se consideram pessoas de bem e defensoras da ordem, do direito e da bondade, com frequência encontrei dificuldades em firmar parcerias ou obter apoio, a fim de levar avante as obras de caridade ou amparar aqueles que sofrem e ficam à margem do caminho. Ante tal desafio, fui levada por essa inspiração, esse sopro do espírito – não raro desconhecido pelos homens do mundo. Ele me induziu a entrar em contato com almas rebeldes, com as quais esbocei uma amizade ou um tipo de proximidade dificilmente compreendida por quem fez melhores coisas do que eu, e dificilmente entendida por quem construiu uma relação com os pobres e com Deus de maneira melhor do que consegui. Ditadores, pessoas tidas como corruptas, normalmente desqualificadas por homens que estão no poder ou que procuram os louros do reconhecimento e da popularidade. Não que minha aproximação significasse conivência com a postura política ou a forma que adotaram de conduzir a vida, mas, sim, foi entre esses párias da civilização que encontrei um rasgo de bondade.

De todo modo, pergunto: se fizermos amizades ou investirmos apenas naquelas pessoas que se dizem boas, honestas, santas e politicamente corretas, será que empreenderemos as obras que temos de empreender ou faremos pelo menos 1% daquilo que a humanidade espera de nós? Sinceramente, encontrei menos apoio nos homens corretos, íntegros e geralmente vistos como honestos, de acordo com o que se divulga, do que entre os marginalizados.

Ainda hoje fico a me perguntar se não é exatamente isso que Jesus espera de nós. Isto é, será que não devemos vencer a barreira do politicamente correto e ir mais além? De alguma maneira, será que não devemos nós, os que pretendemos seguir a Cristo, dar uma chance que seja àqueles que, mesmo na corrupção, estendem a mão aos pobres ou à causa dos pobres? Será que a mão que estendem, por nós ligada aos pobres na medida em que desempenhamos nosso papel de intermediários entre as duas partes, não poderá representar a salvação, no futuro de suas almas? Não disse o Senhor que mesmo um copo d'água dado em seu nome terá a devida recompensa?[1] Tudo isso me leva a perguntar se não é o caso de rompermos as barreiras do convencionalismo, impostas pelo comportamento que os homens do mundo esperam de nós, e partir em direção daqueles que são excluídos, muitas vezes excomungados pela sociedade, dando-lhes a chance de estenderem suas mãos, de fazerem algo pelos que sofrem ou auxiliarem alguma obra benemérita. Fico a me questionar!

Quando penso encontrar uma resposta que se reconcilie com o que recomendam os homens em posição de destaque e aqueles representantes da justiça, ressaltam dos Evangelhos os exemplos de Cristo – que fez exatamente o contrário do que esperavam dele. Passeei pelas páginas do Novo Testamento, virei as páginas de vidas passadas, percorri os recantos mais obscuros da Judeia, da Galileia, de Betânia e de Cafarnaum, seguindo exatamente o roteiro de Mateus, Marcos, Lucas e João. E só pude encontrar um Cristo que fazia amiza-

[1] Cf. Mt 10:42.

de com pessoas corruptas, com cobradores de impostos, com os ricos de sua época ou com prostitutas, pecadores mesmo, entre outros que os bons de seu tempo entendiam não merecer aproximação, muito menos amizade. Foi exatamente nessas pessoas, pelo que me parece das palavras dos santos Evangelhos, que Cristo encontrou apoio para sua obra; foi dentre estes que elegeu seguidores e foram eles os homens que, mais tarde, auxiliaram os apóstolos em sua missão de espalhar a mensagem do Evangelho.

Portanto, ainda hoje fico pensando se não devemos semear a amizade em corações considerados perdidos. Será que essas pessoas não têm um futuro espiritual? E será que não são dignos de lhes darmos as mãos, a fim de que possam fazer algo bom, cabendo-nos atuar ao menos como instrumentos para levar donativos e um pouco de seu coração, do que restou de sua humanidade, como forma de investir no futuro espiritual dessas criaturas? Uma vez que falamos de amizade, podemos semear o amor, a amizade e o carinho também em corações empedernidos, marginalizados ou marginais, que a bondade divina coloca em nosso caminho.

Caso Nosso Senhor Jesus Cristo vivesse nos dias atuais, tendo por base suas realizações, com certeza seria amigo de corruptos, acusariam-no de curandeirismo e exercício ilegal da medicina, além de abrirem inquérito a fim de avaliar sua ligação com pessoas de má índole. Seria avaliado e julgado por receber ajuda de homens já marcados pela sociedade ou classificados pelos magistrados e autoridades constituídas como direitistas, esquerdistas, extremistas, ditadores e outros rótulos mais, comuns aos que têm seus métodos de vida e política reprovados pelos homens considerados bons, honestos e cidadãos modelares. Imagino que Cristo seria levado aos tribunais por aceitar doações espúrias para suas obras sociais e humanitárias, recurso considerado sujo ou de procedência duvidosa. Penso ainda mais: como decorrência de sua amizade com bicheiros e políticos, representantes de governos e gente que mora no lixão, pessoas do povo ou ditadores, teria sido confundido de tal maneira que Ele, o Mestre, seria julgado como se fosse conivente com a forma de tais pessoas agirem, com suas escolhas e a política que praticam, muitas e muitas vezes desumanas.

Amizade com pessoas de má vida? Não teríamos exemplos como Maria de Magdala. Aproximação com políticos e homens do poder? Os evangelistas teriam de se esquivar de personalidades como José de Arimateia, Zaqueu e o próprio apóstolo Levi ou Mateus, entre outros que cruzaram o caminho do Senhor. Levados esses princípios a efeito, seria preciso mandar reescrever os Evangelhos, de maneira a se tornarem mais palatáveis e politicamente corretos. Fazer amizade somente com os bons? Então, não teríamos Evangelho! Pois a verdade é que ali não deparamos com nenhuma pessoa sequer que pudéssemos considerar boa, que realmente se revelasse boa, por natureza.[2] Dirigir-se aos religiosos de modo reverente ou mesmo conciliador, contemporizando com as roubalheiras de representantes da religião e da política? Assim, também não conheceríamos João, o Batista, nem veríamos Jesus falando com fariseus, doutores da lei ou com os rabinos de sua época. Como se vê, não teríamos os Evangelhos caso tivéssemos de atender aos critérios que os homens que pretensamente se consideram bons afirmam ser o correto.

Volto a afirmar que a verdadeira amizade ocorre entre homens de bem, mas podemos, sim, semear amizade, dar as mãos àqueles considerados indignos, que são excluídos e julgados por seus atos inconfessáveis. Não se trata de apoiar a forma de agir e pensar que elegeram, tampouco a política que praticam, mas de não os privar da possibilidade de fazerem algo pela humanidade, pelos pobres, pelos que sofrem. Somente Deus é que

[2] Cf. Mc 10:18.

sabe o que representaria para esses seres um momento de vida para externarem a caridade, mesmo que tenham algum interesse nisso.

Sobre esse ponto, digo ainda mais: muita gente boa, honesta e politicamente correta não é boa, honesta e politicamente correta de forma convicta, por ideal. Aliás, pouquíssimos são os que seguem um ideal. São bons, honestos e corretos por interesse. Mas, se esse interesse pode ser canalizado para o bem dos que sofrem, pelo menos por enquanto, ou enquanto não o fazem movidos por um ideal, que assim seja! Não conseguiremos mudar o mundo. Porém, podemos ser instrumentos de Deus e de Cristo para despertarmos alguns para os valores do espírito ou para auxiliar aqueles que realmente são mais necessitados.

Convido-o a avaliar suas amizades. As verdadeiras, baseadas numa ligação superior, as outras, que lhes são convenientes e também aquelas outras, indefiníveis, ainda. Valorizemos a amizade verdadeira, pois são poucas e valiosas por demais para serem confundidas com as outras. Valorizemos o apoio que recebemos na jornada do bem, mas não o confundamos com amizade verdadeira. Saibamos respeitar esses momentos de encontro e parceria, que podem ser proveitosos para a obra do bem e para as almas daqueles que ainda não despertaram para as virtudes ou para aquilo que os religiosos chamam de caminho da justiça e da paz. Respeitemos, também, aqueles que nos julgam, pois ainda não sabemos que ideal seguem ou a que poder estão vinculados, se a Cristo ou a Mamon. Podem muito bem ser instrumentos para nos ajudar a ver que precisamos reciclar nossos valores e comportamentos.

Permanece a amizade verdadeira, seja de príncipes, princesas, plebeus ou párias. Amizade vem de Deus e conduz a uma expressão do amor genuíno, verdadeiro.

14

ACEITAR CRISTO COMO SENHOR É CUMPRIR SUA VONTADE

"Purificando as vossas almas pelo Espírito
na obediência à verdade, para o amor fraternal,
não fingido; amai-vos ardentemente uns aos outros
com um coração puro."
1 Pedro 1:22

AMAR A CRISTO OU DAR VALOR ao que a Igreja ensina a respeito dele? Sinceramente, não sei se amamos verdadeiramente a Nosso Senhor ou se nos apegamos ao que a religião tem ensinado ou interpretado, durante tanto tempo, sobre a vida e os ensinos do Nazareno.

Frequentemente, tenho observado que a ideia que fazemos a respeito de Nosso Senhor e de seus ensinamentos são meramente interpretações nossas ou, então, fruto do que padres, pastores e orientadores espirituais ensinam em suas pregações. Assimilamos certas opiniões ou pontos de vista, que logo se tornam crenças subjetivas. Brigamos por esse sistema de interpretações e fazemos guerra utilizando como arma aquilo que julgamos acertado. Não se pode desconsiderar que toda interpretação é subjetiva, e, uma vez que o amor, a fé e as ações beneméritas que empreendemos se baseiam em interpretações que alimentamos, então é profundamente questionável nosso amor. Talvez, no fim dos tempos, quando de alguma maneira formos confrontados com a consciência, em nosso juízo pessoal, o amor e a fé em

Cristo não resistirão a uma análise mais profunda ou a um teste de fé ou provação.

Amar somente quando as coisas estão saindo conforme nossa vontade? Permanecer firme na fé apenas quando tudo está bem e ocorre de acordo com nosso planejamento? Puxa! Nunca vi uma fé tão egoísta ou um amor tão frágil, a ponto de ser confundido com as máscaras do oportunismo e da conveniência. Sim, pois considero máscara esse tipo de amor dedicado a Nosso Senhor, apenas quando tudo ocorre de acordo com a nossa vontade. Que fragilidade essa fé, e que egoísmo é esse, a ponto de ser mascarado e confundido com amor?!

Temos amado tão pouco a Cristo que me pego muitas vezes envergonhada diante da cruz e do seu significado para os cristãos. Quantas dissensões e guerras e quantos sacrifícios inúteis têm sido levados a efeito durante séculos e séculos, em nome daquele que nunca pediu nada, além de que amássemos uns aos outros. Quanta falta de fé, de coragem mesmo, quando desejamos fugir da luta, deixar tudo, abandonar o trabalho, somente porque enfrentamos um desafio maior ou uma situação não planejada; quando encontramos um problema real, que nos incita a seguir a intuição; quando descobrimos que foi nosso erro, nossa insubordinação à orientação de Deus ou, quem sabe, nossa rebeldia diante das estradas apontadas por Cristo que nos trouxeram a derrota. Sofremos muito por pouca coisa. Deixamos de acreditar em Cristo ou em seus emissários devido a nossa teimosia em não seguir seus ensinos e suas determinações. Aceitamos Cristo como Salvador, como Mestre, e o denominamos com dezenas de adjetivos e nomes maravilhosos, mas não o aceitamos ainda como Senhor. Porque aceitá-lo como Senhor é estar disposto a seguir suas diretrizes, seja como for que cheguem até nós. Jesus tem emissários entre nós, disfarçados de amigos, parentes, conselheiros. Geralmente, são porta-vozes de seu pensamento ou de sua vontade, que se traduzem na forma de sugestões ou ideias para que nos orientemos na caminhada, nas estradas abertas pela misericórdia do Pai. Rejeitamos ideias, mensagens, mensageiros e, na hora da provação, nossa fé parece abalada, nosso pretendido amor não passa de interesse pessoal, e consideramos abandonar tudo.

Acredito, pessoalmente, que esse desejo de abandonar o trabalho que realizamos em nome de Nosso Senhor é fruto de covardia e de profundo sentimento de culpa. Sabemos que não seguimos determinados conselhos; sabemos, no fundo, que rejeitamos orientações sensatas, mas falhamos em nossa forma de administrar o trabalho que nos foi confiado ou para o qual fomos chamados. Embora saibamos de tudo isso, não conseguimos apresentar uma forma mais eficaz de administrar nosso tempo, nosso trabalho. Rejeitamos as orientações que nos vêm do pensamento do Pai e do próprio Cristo, mas não temos nada melhor para apresentar, uma vez que constatamos nosso insucesso, que nosso método falhou. Mas não damos a mão à palmatória devido ao orgulho, ao amor próprio e à fé infértil ou vazia, os quais alimentamos em nós.

Não temos uma fé genuína; não temos um amor que confia plenamente. Não aceitamos que a filosofia de Cristo e sua ciência, muitas vezes, fazem com que dois mais dois resultem cinco, dez ou cem. Lembremos a parábola do semeador e as árvores que produziram dez, vinte ou cem por um.[1] Será que, no amor e na suposta fé que temos, deixamos Cristo semear e mostrar os resultados da semeadura? Ou queremos nos apropriar indevidamente do trabalho que não nos pertence e mostrar que somos bons, melhores e mais certos do que as orientações de Cristo? Será que se Jesus hoje, de alguma maneira, seja Ele próprio ou algum de seus emissários – podemos chamá-los de anjos ou homens –, desse uma ordem contrária à nossa opinião a respei-

[1] Cf. Lc 8:5-8.

to do trabalho que desempenhamos, aceitaríamos? Vou mais além: será que, se ele pedisse que deixássemos o cargo que ocupamos, que admitíssemos outra pessoa em pé de igualdade conosco no mesmo trabalho, aceitaríamos sua orientação? E ainda mais: se ele, por alguma maneira, dissesse que nosso método está errado e que deveríamos seguir outra diretriz para o trabalho que o representa no mundo, será que seguiríamos? Sinceramente, a resposta a essas perguntas deverá definir o tipo de fé ou o tipo de relação que nós temos com Cristo. A resposta revelará se somos representantes de Cristo ou se nos consideramos donos do trabalho para o qual fomos chamados apenas como participantes. Nosso *sim* ou nosso *não* irá definir não somente o nosso amor ao trabalho, ao Nosso Senhor, mas sobretudo se nos apropriamos indebitamente do título e da posição de donos da seara.

Falo isso tudo porque todos temos um apego muito grande a coisas que na verdade não nos pertencem. Nosso apego é tanto que nos julgamos donos, e não depositários ou administradores. Então, em nome de nossa posse, fazemos guerras, criamos problemas onde não existem, fazemos distinção de pessoas, boicotamos outras, sabotamos o trabalho de Cristo, de maneira que nosso pensamento a respeito da tarefa ou nossa opinião sejam reconhecidos como melhores. Em resumo, são mil coisas que fazemos, muitas vezes inconscientemente, mas que denotam que o amor, a fé e a dedicação que nutrimos pelo ideal, na verdade, são muito questionáveis. Fico a imaginar que nosso ideal, o mais das vezes, é mero interesse pessoal. Na realidade, conheço bem poucas pessoas que vivem pelo ideal. Quanto a mim mesma, permaneço rezando, enquanto trabalho, para que Cristo me inspire de tal maneira que a vontade dele seja feita e que eu possa assimilar seu pensamento e sua vontade.

Em que medida meu amor a Cristo é realmente amor? Baseado em que aspectos esse amor se sustenta: naquilo que me ensinaram a respeito dele, ou na minha experiência pessoal com Deus? Vejo que todos precisamos ter uma experiência de fé pessoal no Pai e em Cristo. Não adianta estudarmos, conhecermos em profundidade sua doutrina, as interpretações que lhe deram, se não temos uma experiência de Deus direta e genuína. Essa experiência quase mística é que definirá a qualidade de sua fé, de seu amor e de sua dedicação ao chamado, à sua vocação. Muita gente responde ao chamado, ao trabalho de Cristo, mas não recebeu a unção, isto é, não teve aquela experiência de Deus, que dará qualidade à sua fé e fará brotar fé em sua caminhada. Assim, julgo apropriado para todo cristão esse contato mais íntimo com Deus; julgo necessário esse entranhamento de alma com a alma do mundo, do universo, com o Pai.

Não sei viver minha experiência religiosa ou espiritual sem sentir essa proximidade com o dono do trabalho, com o senhor de minha vida, com o autor de minha fé. Fico a relembrar, através da memória espiritual, os dias antigos da Galileia, os ensinamentos proferidos na Judeia, em Betânia ou nos arredores de Jerusalém. E alimento-me, ainda hoje, dessas lembranças. Deixo-me sentir as aragens benfazejas dos campos de trigo, das videiras, dos vales d'além Jordão. Minha alma retempera-se e minha fé se aviva cada vez que me deixo arrastar pelo magnetismo do Rabi galileu. Minha fé se fortalece mais e mais quando me deixo seduzir pelas palavras do Evangelho, sem analisá-las, sem interpretá-las, mas deixando-as simplesmente falar à minha alma e me transformando em criança espiritual, a fim de que possa beber das águas do poço de Jacó e da água viva que me alimenta o ser. Dois mil anos se passaram e, ainda hoje, as estrelas falam das moradas da casa do Pai. Dois mil anos transcorreram e, ainda hoje, não se maculou a beleza do *amai-vos uns aos outros*. Dois mil anos – e ainda carecemos, e muito, de amor, de fé, de milagres que façam nossa alma aproximar-se de Cristo e dizer:

– Professorzinho... Raboni! Aqui estou, meu Senhor, para levar a mensagem da sua ressurreição, a mensagem da vitória da fé e da vida. Ave, Cristo, ave para todo o sempre!

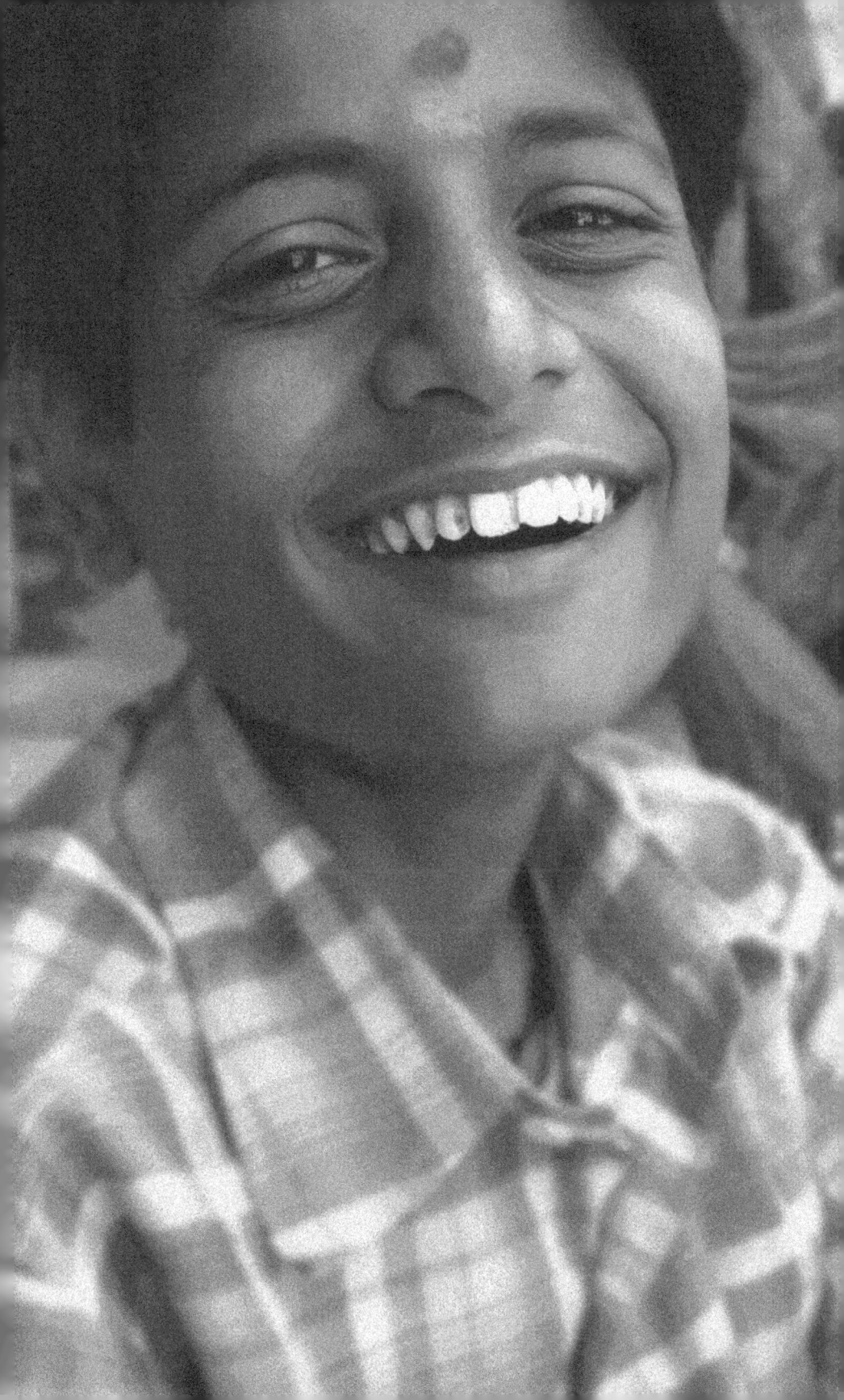

15

Minha vergonha de proclamar o amor a Cristo

"Já estou crucificado com Cristo;
e vivo, não mais eu, mas Cristo vive em mim."

Gálatas 2:20

JÁ VI TANTA GENTE NAS RUAS, pelas calçadas, em parques e outros lugares públicos, assumir a condição de pregadora do Evangelho, fazer orações longas, alto e bom som, chamando a atenção das pessoas para sua fé, sua pretensa devoção a Cristo. Sinceramente, não sei se eu conseguiria fazer uma coisa dessas e admiro quem o faz. Não tenho coragem de proclamar meu amor por Cristo em praça pública. Na verdade, tenho vergonha de dizer publicamente que o que sinto pelo Senhor é amor genuíno, verdadeiro. Ainda não consegui amar o próximo como Cristo ensinou nos santos Evangelhos; então, como dizer que o que sinto por ele é amor? Fico admirada pelo amor proclamado, pelo amor pregado, pelo amor vivido por outras pessoas. Ainda estou tentando aprender a amar aqueles que encontro no meu caminho. Enquanto houver a mínima dose de julgamento dentro de mim, em relação aos que encontro pelas ruas da vida ou que encontrei pelas ruas de Calcutá, não sei se posso com sinceridade dizer que o que sinto por eles seja amor. E, se não sinto amor por estes que Deus colocou em minha vida e ao meu redor, será que poderia dizer com consciência tranquila que sinto amor de verdade por Cristo? Eu sinto é vergonha de mim mesma, do meu cristianismo mascarado e da minha incapacidade de fazer ao próximo aquilo que eu gostaria que eles fizessem comigo. Sinto-me envergonhada.

Mas a vergonha que sinto não me impede de continuar tentando. A tentativa de amar, de compreender o próximo ou de ter compaixão pelos pobres de todas as camadas sociais já é uma experiência à parte, um exercício do bem e da caridade. Algum dia poderei, quem sabe, erguer minha cabeça e dizer: Senhor, eu te amo. Por ora, vejo-me comprometida com os desafios da sociedade, com os obstáculos que tento tirar do caminho, abrindo ruas, desbravando estradas para que os filhos do calvário possam atravessar. Atrás de mim, vêm aquelas pessoas realmente boas, que sabem investir na educação de almas. Considero-me uma aplainadora de caminhos, alguém que tenta de alguma forma tapar os buracos da ingratidão e da miséria, que procura secar lágrimas de alguns poucos necessitados que encontra, arrastando-se pelas vielas das cidades e vilarejos por onde passa. Acendo alguma fogueira ou faço estardalhaço em meio às trevas por onde me movo, de maneira que os realmente bons possam se locomover para ajudar a quem possa ser ajudado ou a quem queira ser socorrido. Mas, ainda assim, não é amor.

Encaro isso tudo como uma responsabilidade que tenho para com a humanidade. Nunca vejo como obrigação o trabalho de aprendiz que tento empreender. Obrigação, via de regra, constitui um fardo, um peso que martiriza quem o leva adiante, como se fosse produto de sentimento de culpa, como se o trabalho fosse uma espécie de fuga da culpa que se sente. Por essa razão, falo em responsabilidade, pois soa mais humano.

Quando tento fazer algo pelo meu próximo, na realidade procuro transformar minhas energias. Sim, minha própria energia pessoal, interna, espiritual. É a minha energia que preciso transformar, e não a dos outros. Muita gente imagina que os redutos onde predomina a pobreza, os vícios e a miséria humana são lugares pesados, que deixam em nós resquícios de energias densas e malsãs. Entretanto, acredito que essa impressão é falsa e se deve ao fato de as pessoas que vão a esses lugares quererem transformar aqueles que aí se encontram. Acham que sua presença será uma bênção para os moradores desses lugares e para aqueles que aí transitam temporariamente. Há tempos me sinto muito bem junto a esses meus irmãos. E descobri como me sentir bem quando uma das irmãs que comigo trabalham disse uma frase singela, sem nenhuma pretensão de sabedoria:

– Madre – falou ela –, eu sinto que quando venho aqui estou trabalhando minhas próprias energias; sinto que preciso transformar meu interior, de maneira a me integrar com estes lugares. Senão, não consigo fazer nada de realmente bom por estes filhos de Cristo. Se eu não me integrar com eles, se me sentir diferente ou me comportar diferente deles, como poderei sentir o que sentem? Como poderei fazer por eles o que realmente necessitam?

Foi aí que comecei meu aprendizado. Foi então que consegui entender que eu deveria me integrar, me sentir participante daquele meio para onde me dirigia, como Cristo sentiu quando veio ao mundo. Ele sentiu-se parte de tudo, aqui. Integrou-se, envolveu-se, amou. Porém, como ainda não consigo amar da forma como Ele falou – amar ao próximo como a mim mesma –, comecei meu trabalho e continuo até hoje acreditando que, quando me entrego plenamente, estou trabalhando minhas próprias energias, meu interior, e não tentando mudar o próximo. Estou engajada é na tentativa de mudar a mim mesma, meu egoísmo, meus conceitos de bem, caridade, mansuetude, amizade e dignidade humana. Percebo que tenho uma responsabilidade com a humanidade, que é me transformar a cada dia em uma pessoa mais humana e pacífica, a fim de que o mundo seja um pouco melhor para aqueles que são realmente mais necessitados. Transformando-me, sem as cobranças incompreensíveis daqueles que querem ser santos ou anjos, quem sabe estarei no caminho do amor genuíno, do qual falam os santos Evangelhos.

Não devemos pensar no compromisso assumido, qualquer que seja ele, como uma obrigação a cumprir, a qualquer custo. Essa crença na obrigação para com o mundo, com a humanidade ou com quem quer que seja nos faz inconscientemente tomar como nossa responsabilidade os pecados do mundo, do outro, assim como sua regeneração; faz-nos assumir os erros alheios e tentar consertá-los. Isso nem Cristo conseguiu, nem ao menos pretendeu. Esse tipo de crença nos leva, efetivamente, a assumir os erros alheios, e nos conduz invariavelmente à tentativa infrutífera de transformar os defeitos em bênçãos ou os pecados em virtudes, buscando sarar ou reparar tudo. É algo impossível. Fazer o bem imbuído desse tipo de pensamento e de conceito é algo desumano para com nós mesmos. Por isso, depois de enfrentar a escuridão de minha alma, descobri que é mais humano para mim e para com aqueles com quem convivo, pensar, acreditar e agir como aprendiz, como alguém que está caminhando também, mas que não atingiu a meta, a santidade ou o ideal.

Talvez seja exatamente por isso, por haver introjetado essa visão do trabalho com o próximo, que sei que não amo plenamente. E sinto vergonha, ainda, de declarar que o que se esboça dentro de mim em relação a Cristo não é amor verdadeiro. Ainda não consegui amar genuinamente meu próximo, mesmo sabendo que a distância mais curta entre mim e o Pai seja exatamente o próximo. Talvez, eu tenha me desviado em algum momento da caminhada e tomado um caminho mais longo e penoso. Quem sabe meu aprendizado ainda seja lento e, por isso mesmo, não vejo dentro de mim esse amor todo que muitos dizem ver?

Volto a afirmar que não teria coragem de sair por aí dizendo em praça pública que amo o Senhor ou que estarei entre os salvos algum dia. Meu lugar ainda é entre os que sofrem, na escuridão, onde há pranto, ranger de dentes, sofrimento e dor. Aí, sim, sinto-me mais útil, em minha zona de conforto, pois posso me mover silenciosamente, como entre os becos e pelas ruas de Calcutá, em meu próprio elemento. O céu? Deixo-o para aqueles que aprenderam a amar plenamente, para os que desenvolveram asas e sabem voar. Fico entre os chamados perdidos e pecadores. Assim, não tenho o peso da obrigação de salvá-los ou transformá-los em santos e remidos; deixo isso para quem pode. De minha parte, aprenderei aos poucos o abecê do amor, a começar do amor a mim mesma.

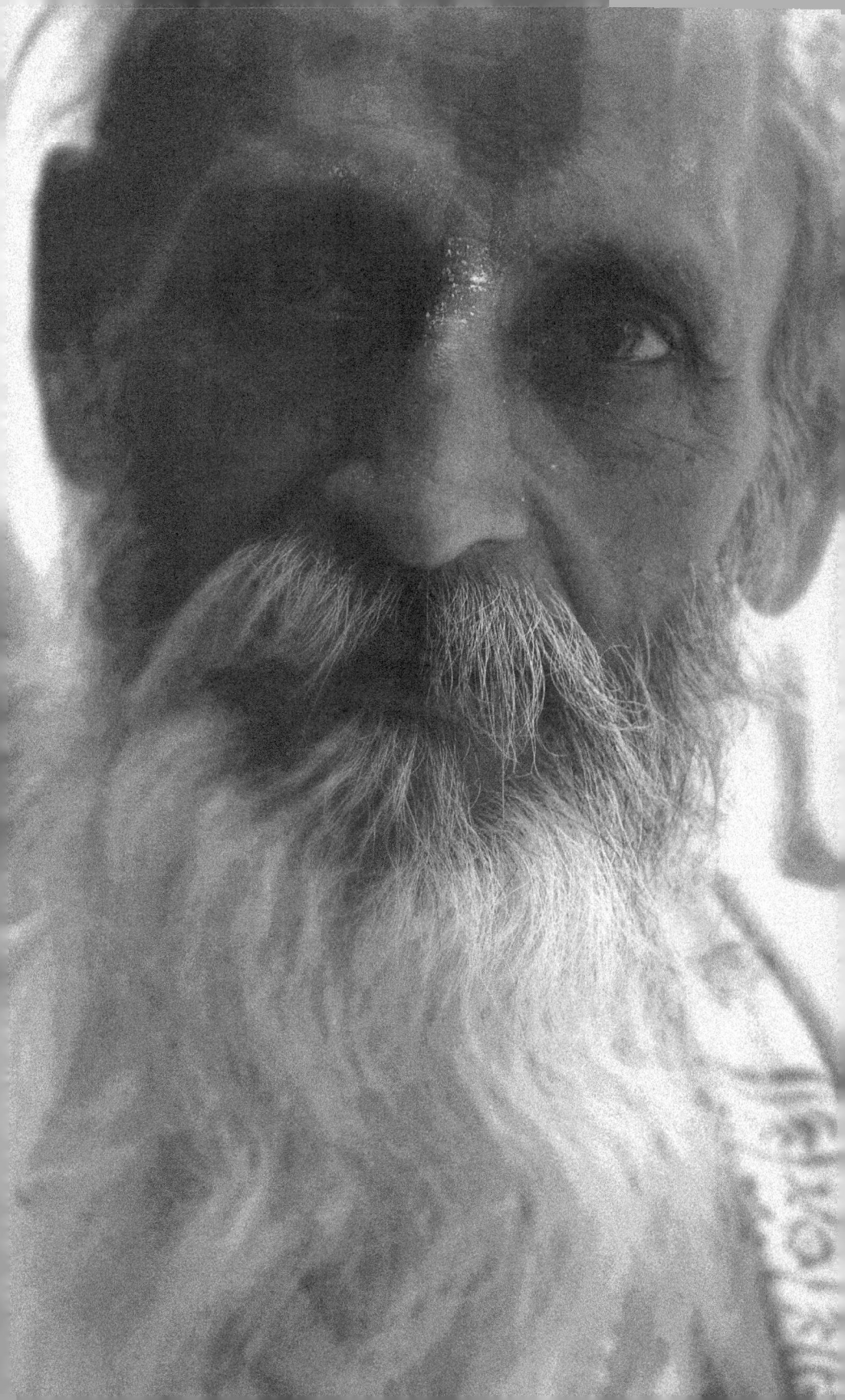

16

É NECESSÁRIO DESTEMOR E MUITA CORAGEM PARA FAZER O BEM

"Aquele, pois, que sabe fazer o bem
e não o faz, comete pecado."

Tiago 4:17

ERTA VEZ, FIQUEI ALGUMAS semanas amargurada; passei dias com profunda dor no coração. Havia me deixado envolver com a falta de iniciativa de alguns religiosos de plantão, que ocupavam postos na alta hierarquia da Igreja. Recusavam-se a aprovar a construção de algumas obras sociais e nem sequer dariam apoio a quem quisesse empreender a obra. Estavam comprometidos com reuniões, reuniões e mais reuniões de planejamento. Planejavam tudo nos mínimos detalhes, mas ninguém queria sair de seu altar pessoal, da zona de conforto de suas paróquias, tampouco despir-se das vestes de púrpura e cetim e vestir-se de iniciativas para concretizar, no mundo, a obra de Cristo, e ajudar os pobres. Resolveram apenas rezar, rezar e rezar para que outros tomassem a iniciativa, no lugar deles. Entretanto, quando alguém resolvia tomar tal iniciativa, colocavam inúmeros entraves, pois exigiam muito, e essas exigências dificultavam o andamento da obra.

Sinceramente, deixei minha espiritualidade exceder os limites de mim mesma e explodi. Ah! Como é bom a gente explodir vez ou outra, como faz bem para a alma, para o coração e para os pobres. Resolvi colocar em prática aquela parte do Evangelho quando Cristo derruba as mesas dos vendilhões no templo.[1] Nem preciso dizer que foi uma reação carismática e evangelizada.

Em minha vida, várias vezes tive de ignorar alguns superiores. Enviava-lhes cartas, a fim de que se sentissem bem consigo mesmos e, além disso, que sentissem que eu lhes prestava contas do que fazia. Conduzi-os, muitas vezes, por meio das palavras escritas, a pensarem que eu também compartilhava da covardia generosa e cristã de muitos religiosos. Sim, pois se há algo que faz com que o mal triunfe sobre a Terra é exatamente a covardia dos bons. A falta de iniciativa daqueles que dizem seguir a Cristo. Meu Deus, como eu adoro trabalhar com pessoas decididas, operosas, seguras do que fazem, que não esperam resultados de reuniões intermináveis para fazer alguma coisa.

O mundo pede urgência nas decisões, nas realizações. Nos dias atuais, quando as descobertas, o ritmo da vida e os avanços da tecnologia, das mídias e do próprio pensamento humano alcançam uma rapidez estonteante, tem gente que ainda está discutindo formas de

[1] Cf. Mt 21:12.

fazer, de realizar – ou se devem realizar. Para mim, pessoalmente, quem está na frente da batalha com Cristo está pronto para se expor, molhar-se na chuva, enfrentar tempestades ou colocar-se frente a frente com os canhões. Não há como temer os revezes, pois eles ocorrerão de qualquer maneira e em alguma medida. Não há como entrar na batalha do bem e esperar que as coisas ocorram sempre de acordo com nosso planejamento, que tudo será um mar de rosas. Esse não é o caminho de Cristo e nunca será. Precisamos, sim, enfrentar as lutas e os desafios com o máximo de planejamento estratégico, mas sem demora e, mais ainda, com um plano B, um plano C e outro ainda, escondido nas mangas, pois estamos numa luta pela implantação do bem no mundo – num mundo onde o bem ainda não dá o ibope talvez desejável. Então, podemos considerar que estamos em plena batalha. E numa batalha, qualquer que seja, precisamos de pessoas de coragem, que não temem se expor e que entendam a natureza do compromisso assumido com Cristo, que é o divino general nessa luta pela implantação do Reino sobre o mundo e no mundo.

Esperar muito é dar a vitória ao inimigo; não lutar é fugir, abrigar-se sob o cobertor do mal e deixar que os bons se extingam e os maus triunfem. Enquanto isso, os convidados de Cristo para a ceia, os filhos do calvário, ficarão na mendicância espiritual, aguardando as misérias das migalhas que deixamos cair no chão e chamamos de caridade. Meu Cristo crucificado! Como posso chamar de caridade essas migalhas que deixo escapar de minhas mãos? Como posso ignorar as lágrimas, o pranto e as necessidades de educação e saúde, próprios da fragilidade humana, esperando recurso, esperando reuniões, aguardando momentos propícios ou investimento? E a nossa fé?

Não disse certo missivista que fé é o firme fundamento das coisas que não se veem?[2] Não é essa mesma fé o resultado do investimento naquelas coisas que se esperam?[3] Então, acredito, em minha pequenez, que, se estamos no trabalho de Cristo, devemos ir avante, trabalhar sem medo de cair – porque cairemos com certeza, mas seguindo nosso projeto espiritual. Sendo o trabalho gerenciado por Cristo, e nós apenas seus empregados, sem direito a férias ou salários, deixemos os resultados por conta do Senhor e saibamos que o que nos compete é semear.

Talvez para alguns eu pareça muito determinada ou mesmo idealista. No entanto, em minha reduzida capa-

2 Cf. Hb 11:1.

3 Idem.

cidade de raciocínio, tenho pensado muito nas palavras de Cristo quando nos recomenda orar e pedir ao Senhor da seara para enviar mais trabalhadores.[4] Em outro texto, nos santos Evangelhos, Ele nos diz que, se os homens maus dão coisas boas aos seus filhos, quanto mais Deus, que é bom e que dará sempre coisas melhores aos filhos seus.[5] Mas, se temos visto apenas o lado ruim, deixado de investir naquilo que é bom por medo ou covardia, ou mesmo por não acreditar que a semeadura renderá frutos compatíveis com a qualidade da semente, então temos de questionar nossa fé.

Talvez, quem sabe, tenhamos necessidade é de reciclar nossa fé, aprender a ter uma experiência pessoal de Deus, abrir nossos olhos de espiritualidade para enxergar que nada deu errado, apenas os caminhos de Cristo para atingir seus objetivos talvez sejam apertados, e suas estradas, ainda que tortuosas, seguem sempre em direção a um objetivo. E atingiremos esse objetivo, mesmo que passemos por provações. Além do mais, quem sabe a meta maior seja exatamente a melhora das relações, e não a saúde financeira ou o resultado que é medido pelo sucesso no mundo?

4 Cf. Mt 9:38.

5 Cf. Mt 7:11.

Avançando ainda em meus raciocínios, Cristo muitas vezes precisa que passemos por caminhos apertadíssimos para nos unir mais como equipe de trabalho e como trabalhadores. Ele aponta o caminho mais intenso de desafios, a fim de que aprendamos a dar ouvido a seus ensinos e a perceber que existe um objetivo mais humanitário, ou melhor, que nesses desafios ele pretende humanizar as relações, bem como fazer-nos compreender que o plano maior vem dele, e não de nós. Talvez, isso corresponda à fé posta em ação, isto é, saber que, por mais que planejemos, o plano maior, o modelo maior de trabalho a ser realizado vem de Deus – de Cristo, enfim.

Diante desse raciocínio, que é apenas minha pobre opinião, ponho-me a pensar que precisamos reciclar a fé e aprender que, para construir o reino de Deus no mundo, a matemática das operações que realizamos é um pouquinho diferente. Por mais que pareça que um mais um são dois, a operação pode nos levar ao resultado três; enquanto duas vezes dois podem ser quatro nas circunstâncias habituais, quem sabe podemos obter cinco ou seis, conforme a visão e a fé que cultivarmos? Quero falar do otimismo, que precisamos desenvolver mesmo quando as aparências dizem o contrário. E quem disse que o cristão vive de aparências? Vivemos de fé em fé; precisamos saber disso.

É urgente que aprendamos a descobrir o valor e o poder da fé. Assim, investiremos sem medo de errar, pois os resultados, com a fé, dependem de Deus e da qualidade da semente que plantamos. Vivemos na fé em que Cristo viveu, morreu e ressuscitou. E ninguém de nós viu esse fato; no entanto, construímos uma civilização em cima desse conceito e dessa realidade. Vivemos num mundo de raios, ondas, imagens e conceitos matemáticos e científicos que a grande maioria, senão quase todos, jamais viu, embora sinta o resultado dessa realidade. Então, vive-se nos dias atuais pela fé em que essas coisas existem. A meu ver, nunca houve uma civilização tão baseada na fé como atualmente, na crença firme em coisas impalpáveis. É por isso que tomar decisões baseadas na fé não é loucura nem delírio de minha parte ou da parte daqueles que creem. É a certeza de que caminhamos no mundo gerenciados por Cristo, o cordeiro de Deus.

A respeito de como Ele administra ou gerencia tudo, vale ainda uma última observação, pois que adota um método nada especial, embora incomum e até mesmo revolucionário. Chama pessoas comuns, mas explora seu potencial ao máximo. Justamente nos períodos de crise, faz com que esse potencial ecloda, e o mundo passa a conhecer verdadeiros heróis da fé. Portanto, apesar das eventuais aparências em contrário, não devemos recuar nem duvidar de que algo vai dar certo.

Como deixar de investir no bem, vencendo a covardia disfarçada de prevenção, e dar chance às boas realizações, das quais tanto falamos e divulgamos? Deixar que o mal se espalhe é dar força a ele. Não investir no bem é ajudar o mal em sua política. Depois, dizer que ficou com medo, que estava apenas adiando o investimento nas coisas do bem, do amor e da caridade, puxa... Não sei como denominar essa atitude, a não ser como covardia ou, se você preferir, timidez. Talvez essa palavra seja mais *politicamente correta*, como se diz nos dias atuais. Mas é fato que o mal só predomina e só triunfa dada a tremenda falta de iniciativa e determinação daqueles que se dizem do bem.[6]

---

[6] Eis uma referência a um pensamento que também aparece, embora de forma ligeiramente diversa, no cerne da filosofia espírita (cf. KARDEC. *O livro dos espíritos*. Op. cit. p. 526, item 932).

QUAL É O MAIOR DOM DO ESPÍRITO?

"Agora, pois, permanecem a fé,
a esperança e o amor, estes três,
mas o maior destes é o amor."
1 Coríntios 13:13

RECEBI TANTAS PROPOSTAS ao longo de minha vida religiosa... Algumas absurdas, por afrontarem aquilo que interpreto como sendo a vontade de Deus e os valores apregoados por Cristo. Também recebi muitas críticas, questionamentos e insinuações sobre minha vocação e os dons espirituais que pretensamente possuía.

Certa feita, alguém muito respeitoso, praticante de outra vertente do cristianismo, acercou-se de mim e perguntou-me se eu não considerava o trabalho com os pobres inferior, quando comparado ao exercício dos dons do Espírito Santo. Questionou-me sobre o dom de cura, de profecias e outros mais, que via como importantíssimos para sua vida religiosa. As indagações que fazia calaram fundo em minha alma. Pedi a ele alguns dias para rezar e conseguir elaborar uma resposta condizente com aquilo que apreendera dos santos Evangelhos. Mas o tempo foi passando; os dias se sucederam, transformando-se em semanas e, enquanto isso, o bom homem ficou ali, acompanhando-me no trabalho em prol das pessoas mais pobres nos redutos e ruelas de Calcutá.

Após dois meses, nos quais ele me abordou mais duas ou três vezes perguntando sobre a importância dos dons do espírito, eu já havia me esquecido de rezar pedindo inspiração sobre o tema. Na verdade, supliquei a Deus umas duas ou três vezes durante esse tempo, nos períodos de trégua no assédio espiritual que o homem empreendia. Em meio a prantos, choros, gemidos e muito, muito trabalho, sobretudo na limpeza de alguns casebres, o bom senhor aproximou-se mais uma vez. Aproveitei e joguei sobre os braços dele alguns restos de pano, uns andrajos de algum dos meus pobres mais pobres, que acabara de trocar por vestes mais limpas. Todo sujo, encharcado da chuva que caía torrencialmente, não esqueceu a questão não respondida e insistiu, uma vez mais.

– Madre – falou o bom cristão –, e sua resposta à minha pergunta? E os dons espirituais? A senhora me disse que ia rezar e pedir inspiração para me responder.

Olhei meio de lado e, contendo algumas palavras que teimavam em arrebentar de minha garganta, ensaiei, engolindo a saliva, alguns ensinos de meu Mestre, o rabi galileu.

– Meu querido... – principiei. – É que tenho tantos pobres necessitando de auxílio, tanta gente precisando de socorro aqui mesmo, onde nos encontramos, que me esqueci de rezar. Quando chego perto da minha cama, à noite, desmaio de tanto cansaço, e não me atrevo a importunar o Senhor com minhas orações, que não passam de incômodo desnecessário. Façamos assim, então. Reze você, enquanto me ajuda com meus pobres, e peça a Jesus que, ao distribuir os dons do Espírito Santo, por favor, se esqueça de mim. Que dê esses dons aos bons, aos cristãos merecedores de tão grande regalia. Quanto a mim, bastam-me os pobres.

Resultado: deixei o pobre homem quase sem fôlego, pois certamente interpretou minhas palavras duras como uma espécie de afronta ao divino Espírito Santo.

Fato é que, ainda hoje, não me sai da memória essa reflexão. De que me adianta esse almejado dom de curar ou a capacidade de falar as línguas de anjos – quem sabe, até dos homens de países estrangeiros? De que me adianta conhecer todas as profecias sobre os tempos do fim ou profetizar sobre o passado de qualquer criatura? Menos ainda me ajudaria saber pormenores e segredos das pessoas com as quais convivo... Para mim, dom de curar é pegar água, sabão, esparadrapo, éter ou cloro-fórmio e cuidar pessoalmente dos meus pobres.

Meus verdadeiros professores na vida que escolhi levar são aqueles tantos a gemer e gritar a plenos pulmões, expressando que estão com fome de Deus e de justiça, e muitos outros, que desfalecem em seus lares, ocultos dos olhos dos bons, para os quais dedico um pouquinho de minha atenção.

O dom de trabalhar, arregaçar as mangas e assumir a responsabilidade de incentivar o bem e o lado bom, fazendo emergir da alma humana valores que estão temporariamente encobertos por vestes rotas ou por dores e agruras; o dom de limpar as feridas de pessoas em sofrimento, desprovidas da condição de ser atendidas em algum hospital; essa habilidade psíquica de penetrar na vida da criatura e conversar com ela, ouvi-la nos momentos mais difíceis, das angústias mais prementes – esses são os dons que rogo ao Senhor me conceda algum dia. Assim sendo, preferi fazer uma aliança com Cristo. Que Ele não me conceda os chamados dons espirituais; bastam-me os pobres.

Encontrei beleza em meio aos pobres mais sofridos – porém, uma beleza para a qual é preciso sensibilidade para percebê-la. Descobri elegância nas pessoas que sofrem caladas e que intentam esboçar um sorriso discreto, disfarçando a dor que as aflige. Tais criaturas me ensinaram a não reclamar jamais daquilo que costumo denominar minha dor. Aprendi bastante na escola daqueles que nunca frequentaram o colégio e não tiveram a abençoada oportunidade da educação formal. Entre eles, descobri sabedoria oculta, inteligência para lidar com as situações mais humilhantes, sem se deixar abater ou perder a fé no futuro, em Deus ou nos homens.

É entre os mais simples que tenho aprendido o valor das pequenas coisas, de um gesto amigo, de um afago, de um sorriso ou uma lágrima. Mas existem outras riquezas, outros atrativos no mundo e outras formas mais elaboradas de beleza, de inteligência ou mesmo de curtir as coisas boas da vida. Entretanto, eu escolhi o outro lado. Cada um descobre por si só a maneira mais apropriada a seus interesses e necessidades de crescimento e espiritualidade.

Graças a Deus, tenho aprendido muitíssimo ao soletrar as primeiras palavras na cartilha da caridade. Alguns já me disseram que uso os pobres e tento fazer o bem como fuga, visando esconder alguma coisa que teimo em não enfrentar. E eu acho que eles têm razão. Bendita fuga essa, que me leva a cada dia ao encontro de meu Senhor. Talvez, ao longo do tempo, eu tenha me afastado tanto de Cristo... Quem sabe, tenha me deixado levar por tantas ilusões e miragens, que agora resolvi encontrá-lo entre os pobres?

Possivelmente, seja mesmo uma fuga. Fuga da vergonha de não ter sido boa o suficiente para me considerar uma pessoa cristã; fuga para me esconder da vergonha de não ter aprendido a amar meu próximo como deveria. E, nessa fuga abençoada, como um ladrão que foge da justiça, talvez tenha eu me abrigado nos braços da misericórdia, esperando – quem sabe? – encontrar meu Senhor. Transcorridos cerca de 2 mil anos, desejo ter com Ele nos guetos, nos casebres, junto das crianças sem lar ou, mais ainda, nas avenidas das cidades dos homens; quem sabe, escondido pelos cantos das ruas de Calcutá. Procuro, em cada olhar, o olhar de Cristo. Busco incansavelmente por sua companhia nos braços e abraços dos pobres, esperando vê-lo disfarçado entre os andarilhos. Anseio por Ele, meu mestre, o rabi ressuscitado, na figura daqueles que estão à beira da morte e precisam de amor, um amor generoso, que ainda não sei como ofertar.

Quando abraço um dos meus mais pequeninos filhos do calvário, dedico a Ele, o rabi das terras da Galileia, o afeto que se esboça dentro de minha alma. Essa é uma fuga, uma busca, uma procura desesperada pelo olhar daquele que um dia deixou gravada, marcada no lugar mais profundo de minha alma, sua mensagem de amor incondicional. Minha insistência em falar dos pobres e de sua causa é apenas a manifestação de uma saudade quase infinita da alma de Cristo, que, talvez, eu encontre um dia, encastelada nos milhares de seres, de almas que Ele deixou, no mundo, a fim de que falem aos cristãos da sua sublime lição do *amai-vos uns aos outros.*

18

MANTER O OTIMISMO POR MEIO DA FÉ E DA ORAÇÃO

"Ele, porém, respondendo, disse:
Está escrito: Nem só de pão viverá o homem,
mas de toda a palavra que sai da boca de Deus."

Mateus 4:4

SERÁ IGNORÂNCIA O FATO de não se dar ouvidos a certas notícias? Será viver à margem dos acontecimentos e das experiências do mundo a conduta de evitar noticiários aviltantes, degradantes ou que tragam informações sobre calamidades de toda espécie?

Parece que o mundo está de ponta-cabeça e que o sucesso, hoje, depende do tamanho do escândalo produzido, do ruído criado ou de se participar, a qualquer custo, de noticiários de jornais. As pessoas já não sabem distinguir entre verdade e mentira e não conseguem notar como são manipuladas pelos noticiários e pela mídia sensacionalista ou interesseira, que aproveita certos fatos e elabora a sua versão a respeito deles, garantindo, para os veículos de comunicação de massa, a audiência da multidão.

Como resultado, a sociedade passa a viver momentos de angústia. Muitos se veem alarmados com a situação mundial, que é pintada em cores mais fortes e drásticas do que exibe a realidade. Meu Deus, como eu gostaria de ver os noticiários divulgando ações generosas dos candidatos ao bem! Como ficaria muito mais contente em observar a televisão e a internet mostrando notícias dos trabalhadores voluntários na África, na Índia ou, quem sabe, no Haiti. Talvez, as pessoas precisem amadurecer bastante, ainda, a fim de se tornarem mais lúcidas. Quem sabe esse meu desejo de ver a mídia divulgando, algum dia, as boas realizações que estão sendo promovidas ocorrerá somente num mundo novo e renovado?

Neste mundo atual, na atual conjuntura, falar e divulgar coisas chocantes, manipular as emoções e a mente das pessoas por meio de documentários e do telejornalismo, principalmente, tornou-se uma especialidade muito requisitada e valorizada. Ocorre que os cristãos e os demais candidatos a servos de Cristo esquecem-se de que, embora as dificuldades anunciadas, e mesmo diante do panorama mais sombrio, traçado por renomados e respeitáveis especialistas, Cristo permanece como diretor e condutor da nave cósmica chamada Terra. À frente do trabalho que representamos e de nossas instituições, ressalta a figura daquele que inaugurou o Reino há 2 mil anos.

Além do mais, existe outra coisa que os cristãos deveriam ter em mente, pois que já foi escrito nas páginas dos santos Evangelhos. É que Cristo nunca disse que seria fácil a caminhada. Ou será que Ele falou isso e os apóstolos se esqueceram de escrever? Para mim, que não estou acostumada a facilidades, qualquer possível crise servirá apenas como desafio para continuar as tarefas a mim confiadas. Portanto, perante o quadro apresentado pela mídia ou ante a repercussão de situações aflitivas decorrentes de erros de governos e povos, não podemos esquecer as palavras do salmista: "Deus é o nosso refúgio e fortaleza, socorro bem presente na angústia".[1]

Fico a imaginar os seguidores modernos de Cristo, quando se encontram desesperados, sem confiança no futuro, muitas vezes como um galho de árvore enxertado que logo cai do tronco principal. Não rezam, não se colocam em harmonia com a fonte que nos inspira a caminhada. Reclamam uma saída para as diversas situações que lhes parecem aflitivas, entretanto parecem evitar a fonte generosa de toda a graça e bondade, sabedoria e inspiração. Para nós, os que pretendemos nos habilitar ao serviço de Cristo, por mais que nos consideremos conhecedores de estratégias, por mais que tenhamos nosso ponto de vista sobre alguma coisa que fazemos em nome do bem, é imprescindível nos ligar à fonte de sabedoria e inteligência por meio da oração.

[1] Sl 46:1.

Dessa maneira, para nós que estamos no meio deste período de transformações intensas ao qual damos o nome de crise, é inteligente rezar. Rezar em conjunto, rezar em silêncio, redescobrir o valor da oração sentida e, sobretudo, aceitar a resposta de Deus, que, muitas vezes, nos responde em silêncio. Noutras, dizendo-nos: "Assim, não, meu filho". Em mais de uma ocasião, anuncia: "Agora, não". Tenhamos o cuidado de perceber a resposta sutil que nos aponta um caminho diferente daquele que julgamos acertado.

Em momentos de emergência, saibamos valorizar a fé, a esperança e investir no otimismo, pois muitas vezes a situação em torno de nós é apenas reflexo de nosso próprio desespero íntimo. A coisa fica ainda mais acentuada quando estamos temporariamente dirigindo alguma atividade, pois esta refletirá, em grande medida, o panorama íntimo do dirigente.

Portanto, mantenhamo-nos ligados à fonte suprema e inesgotável de sabedoria, pedindo orientação, mas não a rejeitando quando ela vem, por mais que contrarie nosso ponto de vista. Aprendamos que, com Cristo, a matemática é outra, os resultados dependem da fé. Quando acreditamos e cultivamos a fé – ou, usando termos mais modernos, quando exercitamos o pensamento na criação de imagens positivas, quando visualizamos os resultados que esperamos –, o universo tende a conspirar em favor dos nossos projetos. Isso é fé em ação. Sem fé, a pessoa se aniquila ante as notícias escandalosas, quer procedam da imprensa, quer venham de onde for. Sem fé, o crente em Cristo acaba por sucumbir em face da angústia, do pavor incitado pelos documentários e noticiários do mundo todo, ou mesmo pelas vicissitudes e insucessos aparentes ou reais de seu dia a dia. Sem fé, o candidato ao serviço cristão não consegue ver nenhuma luz no final do túnel.

Embora Cristo tenha afirmado que não seria fácil a caminhada do seu seguidor,[2] é preciso observar que, enquanto algumas de suas palavras enfatizam desafios intensos para o estabelecimento das ideias renovadoras sobre a face da Terra, Ele também asseverou que estaria conosco até o fim.[3] E esta promessa Ele cumpre pessoalmente todos os dias, embora teimemos em não nos ligar a Ele pela oração, que é a única forma de bebermos da seiva que verte da videira genuína.

Distraímo-nos com fantasias, miragens e paisagens enganadoras, que se diluem frente à menor dificuldade. Deixamo-nos induzir pelo sono enganador, que obscu-

[2] Cf. Mt 7:14.

[3] Cf. Mt 28:30.

rece à nossa visão o verdadeiro escopo de nosso trabalho. E, na rebeldia natural de nosso ser, queremos que as coisas sejam diferentes, conforme nosso jeito, esquecendo-nos de que estamos em estado de luta permanente. Nesta guerra espiritual, alistamo-nos num exército cujo comandante é o próprio Cristo. Como aliados, muitas vezes acordamos insatisfeitos por não poder aproveitar o tempo da forma desejada. Ou, então, discordamos dos métodos e do projeto de vida apresentado por nosso general, pois não nos sobra tempo para aproveitar a vida. Rebelamo-nos e nos refugiamos ou escapamos da realidade dura e crua. Julgamos que temos nossos direitos, e esses direitos, geralmente, representam parcerias com coisas do mundo e com situações que nos distraem do foco principal de nosso tempo e de nosso serviço. Meu Deus, como somos rebeldes!

E nossa rebeldia tem um preço. Por mais que tenhamos uma filosofia diferente, que discordemos da situação que envolve os legítimos representantes de Cristo, infelizmente tenho de ser, agora, a mensageira da realidade. Você, meu querido irmão, que está de alguma maneira ligado aos projetos de Cristo, que intentam a renovação do mundo, não encontrará outro caminho a não ser este vaticinado por Nosso Senhor. Se teimamos na rota da rebeldia, com certeza encontraremos a angústia e o inconformismo; ficaremos desolados, nos apartaremos da fé, da oração, e nossa fuga nos levará a instâncias um pouco distantes demais dos caminhos de Cristo.

Ouça meu alerta. E fique consciente de que, aceitas as dificuldades inerentes à implantação das ideias renovadoras do Reino, não podemos nos submeter à hipnose gerada pelas notícias alarmantes deste início de milênio. Afinal, alguém mais experiente já disse que nossa tarefa, neste milênio, consistirá em reconstruir a Terra, sob todos os pontos de vista. E a reconstrução de qualquer coisa exige dedicação. Acaso julgue que este momento de reconstrução é tempo de crise, sinto informá-lo de que crises só se resolvem com trabalho, e muito trabalho. Temos de abrir mão de diversas situações e facilidades, sim. É preciso ter em mente que somos chamados para ajudar o mundo, nos envolver com o mundo, no sentido de levar o fermento do otimismo, do trabalho, da qualidade em tudo o que fazemos. Precisamos ser inteligentes a ponto de saber o momento certo de avançar ou de recuar, neste contexto em que nos encontramos.

O cultivo da fé, da oração e da esperança é fundamental para nos mantermos vivos e ligados intimamente à fonte de inspiração que sustenta nossa caminhada. Portanto, diante das notícias alarmantes e calamitosas deste início de milênio, que tal adotar uma atitude, no mínimo, inspiradora e inteligente, considerando o futuro que lhe parece incerto? Sugiro, enfaticamente: não creia em metade do que escuta, não repita metade daquilo em que crê. Ao ouvir uma notícia negativa, divida-a por dois, depois por quatro, e não diga nada do restante dela. Creio que, assim, estaremos em melhores condições de prosseguir com otimismo para o alvo que nos foi proposto por Cristo, isto é: a vitória do bem.

19

E vi Cristo
no olhar de cada pobre
e cada miserável em dor

"O Espírito do Senhor é sobre mim, pois que me
ungiu para evangelizar os pobres. Enviou-me a curar
os quebrantados do coração"

Lucas 4:18

ERTA OCASIÃO, na história de minha vida, resolvi ir contra o sistema a que pertencia; assim, após insistir com meus superiores, resolvi sair da inércia e partir em busca dos convidados de Jesus. Saí pelas ruas, primeiramente de maneira tímida, na tentativa de ir ao encontro dos pobres e sofredores. Deparei com um quadro desolador e verdadeiramente tocante, que marcou de forma profunda, e para todo o sempre, a minha alma.

Eu saía do convento e transitava pelas ruas, vendo a miséria incorporada nos meninos e meninas, na gente do povo e, também, na forma como os governantes atuavam, menosprezando diversas situações que poderiam, se não resolver, ao menos atenuar. Muitas coisas que vi não tinham solução, a não ser com vontade política. Outras ainda não evoluiriam, a menos que tomássemos as rédeas da situação e assumíssemos nosso compromisso com Cristo. E vi casos em que bastava um olhar de bondade, um toque que afagasse corações sofridos e cheios de desespero ou um pequeno gesto de bondade disfarçado. Encontrei o verdadeiro sofrimento da humanidade toda representado nas dores e nos sofrimentos dos habitantes de ruas e guetos, favelas e casebres da minha saudosa Calcutá. À visão da minha alma, era como se ali estivesse um retrato de toda a humanidade que sofria. Consegui ver a África ali representada; vislumbrei centenas de milhares de pessoas de alguns países da América do Sul; ao passar pelas vielas onde jaziam crianças e mães contaminadas por alguma enfermidade, pude contemplar doentes de várias partes do planeta. E meu coração chorou. Não somente meus olhos vertiam lágrimas, como também meu coração se diluiu e minha alma se envergonhou de eu ainda ter a coragem de me dizer cristã.

Como me lembrei dos exemplos de Nosso Senhor Jesus Cristo, quando Ele caminhava pelas ruas e vias da Galileia e da Judeia. Lembrei-me de que, àquela época, o povo estava sob o jugo de um poder autoritário e desumano. Mergulhei nas memórias de outras eras, quando a gente sofrida da Judeia não tinha quase nada para comer e sobrevivia com as migalhas que o pobre daqueles tempos conseguia ajuntar. Minha alma fez uma comparação dos cristãos primeiros e da minha vergonha de me dizer seguidora de Cristo. Minha situação não melhorou enquanto permaneci com os braços cruzados, segurando o terço nas minhas orações. Junto das intermináveis ladainhas, durante as rezas das demais irmãs, eu só escutava nos refolhos de minha alma o choro das crianças, o desespero dos enfermos e moradores de rua; sentia repercutir dentro de mim a dor daqueles que não se sentiam amados. Sim, pois o maior sofrimento que pude encontrar em toda minha peregrinação foi a sensação de não se sentir amado e querido, desejado e amparado. E a música mística que eu ouvia, a cada noite que me deitava, era o choro dos filhos do calvário. Ah! Eu também chorei.

Ajuntei as lágrimas do povo, enchi o peito do pranto dos pobres e lavei minha alma da vergonha de haver me enclausurado e ter sido uma religiosa inútil. Foi aí que me revoltei, mergulhei na escuridão plena de meu ser e resolvi fazer uma revolução em minha vida. De nada adiantava sentir pena dos pobres; de nada resolvia rezar, ficar pedindo a Deus para amparar os que sofriam. Pouco ajudavam as ladainhas e as palavras vazias, se não estivessem acompanhadas de ações genuínas. Para tanto, teria de enfrentar o sistema reinante na minha religião e a minha forma de viver a religiosidade. Seria preciso me revoltar, fazer alguma coisa, mesmo que minhas ações fossem questionadas, e minhas intenções, combatidas. Não podia simplesmente ignorar as lágrimas nas quais molhei meus pés ao passar pelas ruas de Calcutá.

Vi-me como alguém que estava traindo o próprio Cristo, caso não fizesse a parte que me cabia; aliás, ao menos alguma coisa, qualquer coisa, mas fizesse algo, enfim. A raiva de minha inutilidade e ociosidade religiosa irrompeu de meu ser com tal fúria que me joguei por inteira pelas ruas e guetos, pelos casebres e favelas, e me deixei perder pelas ruelas e caminhos tortuosos, sujos e mesclados de dor e lágrimas da minha saudosa Calcutá. Foi ali, finalmente, que comecei a perseguir a sombra de Cristo, o vulto do Nazareno.

Caminhei por entre as sombras da noite com o intuito de atender cada pobre que cruzava meu caminho, procurando nos olhos daquelas criaturas o olhar de Cristo. Era como se o meu querido rabi houvesse se escondido, disfarçado e enclausurado nas almas daquela gente que eu via em profundo sofrimento. Ah! Como ansiei encontrar meu Senhor rasgando as almas que padeciam, operando cirurgias nos corações doloridos ou lavando as almas que sofriam silenciosas, observando-me em cada canto e esquina daqueles guetos por onde eu passava.

Foi assim que minha caminhada começou. Mas não terminaria enquanto não caminhasse por outras cidades, outros países e outros continentes. Procurei Cristo por toda parte onde encontrava dor encastelada em qualquer coração. Pude encontrá-lo em cada pobre e em cada ser humano que precisava de amor e de um abraço amigo. Sim, porque cruzei com muita gente a quem não podia ajudar, na qual somente podia dar um abraço. Tanto eles como eu sabíamos que, para o mal que os afligia, não haveria cura neste mundo; não haveria como estancar as feridas, que eram muito mais da alma do que do corpo. Sendo assim, resolvi abraçá-los, aconchegá-los; e, nesse aperto de coração, nesse encontro íntimo de almas, eu rezei, eu chorei, eu entreguei-os a Jesus, a Cristo.

Muitos deles vieram a descansar em meus braços para, logo mais, acordar nos braços de Cristo, na outra vida. Tenho certeza de que acordaram bailando, despertaram cantando e louvando; despediram-se do mundo com um pouco mais de esperança em seus corações. Muitos nem tinham forças para morrer, de tanto abandono, de tanta desesperança ou de tão grande amor sem a resposta humana ao sentimento que abrigavam. Ensaiei o amor, dei os primeiros passos ao encontrar a espiritualidade nas almas dessa gente. Fui me escorregando por entre as estradas e caminhos da Índia e do mundo, à medida que perseguia a Cristo, que o via esgueirar-se nas esquinas.

Sempre que o seguia, que o perseguia, que corria

atrás do vulto de um Jesus enclausurado nas almas dos pobres, eu o encontrava todo, inteiramente revestido de trapos e andrajos, com fome ou com sede, doente ou desamparado na figura das crianças, dos velhos e jovens com futuro incerto. E notei que, à proporção que eu procurava Cristo, que eu o buscava na figura dos meus pobres, erguiam-se hospitais, casas de apoio, creches, orfanatos e a Cidade da Paz.[1] Eram obras de Cristo, que fazia com que mais corações fossem sendo cativados pela força eterna do seu amor.

Percebi que, atrás de mim, correndo em busca do olhar de Cristo, havia uma multidão de pessoas, de irmãs, de gente de todas as partes do mundo e até uma princesa, que também corriam, amparando o Jesus que encontravam nos recantos sofridos de cada cidade e aldeia, em cada pobre e cada cidadão escondido nas sombras do sofrimento ou congelado nos braços da dor. A multidão seguia atrás de mim, e eles iam construindo abrigos, hospitais e diversas instituições que eram fundadas e levantadas pelas mãos daqueles que procura-

[1] "Em 1949, [Teresa de Calcutá] funda a Ordem das Missionárias da Caridade. Sob sua orientação, a Ordem constrói uma colônia para leprosos perto de Asansol, na Índia, que recebe o nome de Shantinagar (Cidade da Paz)" (cf. www.algosobre.com.br/biografias/madre-teresa-de-calcuta.html. Acesso em 10/7/2012).

vam Cristo. Exatamente como eu, que continuo esperando encontrar seu olhar como o vi, um dia, na casa singela de Cafarnaum, às margens do generoso e saudoso lago de Genesaré.

20

PARA DEIXAR CRISTO RETOMAR A DIREÇÃO DE NOSSA VIDA

"Pelo caminho de Sião perguntarão,
para ali voltarão os seus rostos, dizendo:
Vinde, e unamo-nos ao Senhor, numa aliança
eterna que nunca será esquecida."

Jeremias 50:5

A O LONGO DA CAMINHADA espiritual, muita gente parece se cansar dos métodos empregados por Nosso Senhor para fazer despertar em nós a espiritualidade e fomentar a fé. Realmente, Cristo tem métodos muito intensos, a fim de incentivar seu discípulo à caminhada espiritual. Não digo que seja fácil seguir o Mestre pelos caminhos tortuosos ou pelas estradas que Ele abre diante do aprendiz. Contudo, temos de reconhecer que tais métodos são realmente eficazes. Talvez, a conjuntura do mundo atual faça com que a situação do povo de Deus se apresente tão cheia de intempéries e de desafios – em cada esquina encontramos obstáculos; em cada estrada esperam-nos espinhos. Seja como for, se fizermos uma retrospectiva da vida de Nosso Senhor, veremos que, com Ele, nada foi diferente. E tudo isso é natural de se imaginar, pois os princípios do Reino são diametralmente opostos aos princípios do mundo onde este mesmo Reino está sendo implantado.[1]

[1] Cf. Jo 15:19.

Além do mais, existe a natural rebeldia do espírito humano, que rejeita as orientações vindas do Alto, porém não consegue apresentar nada melhor, nenhum método mais eficaz do que aquele introduzido pelo próprio Senhor e Mestre.

Quando nos visitou em sua experiência entre os humanos do nosso mundo, Cristo enfrentou diversas vezes, e por todo o período de sua vida, problemas que envolviam escribas, fariseus, saduceus e governantes tanto quanto desafios de outras procedências, mas não menos intensos. Entre os discípulos mais achegados, teve de contornar situações dramáticas como a rejeição de Pedro[2] e certas atitudes de Judas,[3] entre outras. A multidão que o aplaudiu em determinado dia[4] foi a mesma que o apedrejou logo em seguida.[5] Por fim, Ele encontrou seu martírio entre dois ladrões,[6] que constituíam sua comitiva final nos momentos mais tristes, que mais exigiam de seu compromisso com o Pai. Uma vez ressuscitado, teve a mensagem levada pelos apóstolos rejeitada e ri-

[2] Cf. Lc 22:34.

[3] Cf. Jo 13:2.

[4] Cf. Mt 21:9.

[5] Cf. Mt 27:21-23.

[6] Cf. Mt 27:38.

dicularizada.[7] Apenas séculos mais tarde ela seria aceita, porém modificada de tal maneira que os próprios seguidores se esqueceriam da essência da mensagem, promovendo guerras em seu nome, como ainda hoje o fazem. Enfim, nunca foi exatamente fácil para Nosso Senhor o estabelecimento do seu Reino e de sua política do *amai-vos uns aos outros.*

Sendo assim, que deve esperar o cristão da atualidade? Facilidades que o Mestre jamais teve? Lamento informar que isso não ocorrerá, ao menos por enquanto. A estrada que devemos palmilhar é repleta de desafios e há que ter coragem para cumprir a parte que nos compete no acordo não escrito estabelecido entre o cristão e Cristo.

Pessoas que estejam indecisas, "em cima do muro", assim como os fracos na fé, que ainda não sabem o que querem ou a que vieram e o que estão fazendo neste mundo, não fazem parte dos eleitos, isto é, daqueles que têm a honra de sofrer e enfrentar os obstáculos por amor à causa de Cristo. Posso assegurar que o caminho do cristão é para os corajosos, e não para os fracos.

Lembro-me das palavras dos santos Evangelhos: "Quem não é comigo é contra mim; e quem comigo não

[7] Cf. At 5:41 etc.

ajunta, espalha";[8] "Seja, porém, o vosso falar: Sim, sim; Não, não".[9] Tais palavras já exprimem a necessidade incontornável de se decidir, de se colocar ao lado de Cristo e enfrentar uma luta generosa e cheia de desafios nessa batalha pelo Reino. Não nos enganemos quanto a isso. Não viemos ao mundo para tirar férias, nem mesmo para tão somente curtir a vida, de forma despreocupada e inconsequente, ignorando obstáculos e responsabilidades do caminho. Embora, de tempos em tempos, necessitemos de repouso, é fundamental não nos esquecermos do vínculo com as coisas do espírito e a obra de Cristo. Podemos até dormir, mas temos de ficar com um olho aberto enquanto o outro dorme, pois a batalha continua.

Recordemos, ainda, o apóstolo Paulo: temos o maior desafio dentro de nós, na batalha entre a carne e o espírito.[10] E todos nós trazemos dentro, na intimidade, o nosso "espinho na carne",[11] como nos assevera o apóstolo dos gentios. Essa é uma realidade com a qual convivemos constantemente, sem escapatória.

Então, se por um lado temos a guerra espiritual a ser

[8] Mt 12:30.

[9] Mt 5:37.

[10] Cf. Gl 5:17.

[11] Cf. 2Co 12:7.

vencida, os desafios externos pela implantação do Reino no mundo, por dentro temos também nossa luta diária, nossos desafios pessoais, os quais devemos enfrentar com galhardia, bravura e devoção renovada a cada manhã. O homem velho teima em dominar o novo[12] e, no meio desse entrechoque de ideias, anseios e opiniões, impõe-se o desafio de deixar Cristo reinar dentro de nós. Ocorre que considerar o Cristo como Rei ou Senhor, como governante de nossa vida, é algo verdadeiramente desafiador, pois implica seguir as leis e a direção estabelecidas por Ele. Porém, se não posso dizer que seja fácil, afirmo seguramente que é algo que nos renova na caminhada, que nos inspira a seguir novos rumos e novos ideais; trata-se de uma jornada que nos estimula a conquistar um céu cada vez mais alto e amplo.

Vejo cristão querendo contemporizar, buscando conciliar a vida cristã com a vida mundana. Compreendo perfeitamente esse desejo, mas asseguro que não será fácil; aliás, o próprio Cristo alertou quanto à impossibilidade de servir a dois senhores.[13] Compete a você saber interpretar as palavras duras, porém verdadeiras do nosso Mestre. Transigir com certas situações do mundo

---

[12] Cf. Ef 4:22-24; Cl 3:9-10.

[13] Cf. Lc 16:13.

pode determinar a derrota ou derrocada do bem. Como, muitas vezes, temos sobre os ombros a tarefa de coauxiliares na organização das obras do bem, inspiradas por Deus, se porventura cairmos, provavelmente o trabalho sofrerá abalo e poderá cair junto. Existem inúmeros exemplos assim na história.

Temporariamente, ocupamos encargos – veja bem, *encargos*, e não *cargos* –, na tarefa que nos compete. Por que, então, achar que somos os donos do trabalho, como um todo? Já não nos basta saber que nosso método pessoal não funciona? Que nossa maneira de conduzir a situação junto à obra de Cristo tem causado dissabores, dificuldades, compromissos difíceis de levar avante? Será que os desafios não nos ensinaram que temos de aprender a simplificar sem perder a qualidade? Que teremos de deixar as rédeas nas mãos de Cristo ou de seus emissários invisíveis para que a forma de administrar de Jesus se concretize?

É certo que cada um de nós vai aprendendo o jogo do mundo ao longo da jornada e, à medida que caminhamos, especializamo-nos em muitas coisas – e Cristo usa as habilidades adquiridas para aumentar a influência do Reino no mundo à nossa volta. No entanto, é preciso ter em mente que, por mais que desenvolvamos habilidades extraordinárias, que saibamos como conduzir a vida pessoal tanto quanto a tarefa apresentada com desenvoltura, nosso saber tem limites e vai apenas até determinado ponto. Ou seja, a direção é de Cristo, tanto na esfera privada como no desafio da jornada cristã.

E você já pensou no que significa ter Jesus dirigindo sua vida? Já imaginou Nosso Senhor conduzindo o leme do barquinho de sua existência? Para isso, é preciso manter-se ligado a Ele em oração. Sem orar, não há como nos mantermos conectados a essa fonte inspiradora do universo, a Cristo, que é o autor e mantenedor de nossa vida pessoal e de nosso trabalho.

Muitas vezes agimos como crianças. Aceitamos a inspiração inicial para realizar determinada tarefa e, durante a caminhada, temos imenso prazer em observar os grandes atos de Deus em nossa vida. Como Moisés, somos levados de fé em fé[14] por caminhos desafiadores. Sentimo-nos extasiados ao falar sobre o assunto, seja a amigos, seja àqueles a quem direcionamos a mensagem. Porém, feito crianças espirituais, logo, logo declaramos alforria em relação à direção de Cristo. Duvidamos de sua ciência de vida, que nos guia e nos guiou pelos caminhos desafiadores, até chegar aonde chegamos. Queremos ser nós mesmos os condutores das atividades de

[14] Cf. Rm 1:17.

nossa vida e da vida daqueles que foram colocados em nossa rota. Crescemos aos nossos próprios olhos, como adultos brincando de ser crianças ou, talvez, crianças brincando de ser adultos.

Nossa filosofia de vida e de condução de nossa vida não nos trouxe felicidade; aliás, trouxe muito dissabor e dificuldade. Mas os caminhos de Cristo são mais simples, tanto quanto as soluções apresentadas por Ele passam pelas vias da simplicidade ou da simplificação dos métodos. Curiosamente, de tão simples, não aceitamos mais a condução superior e, quem sabe até sem querer, usamos de palavras ofensivas e desrespeitosas ao nos referirmos ao direcionamento que vem através da inspiração.

É claro que devemos ter uma relação muito próxima com Deus e com Jesus, de modo a agirmos como amigos e leais companheiros de trabalho. Mas isso não nos dá o direito de banalizar a relação, esquecendo-nos de que existe uma distância considerável entre nós e Cristo, entre seus emissários e nós. E isso é algo que deveríamos ter em nossa mente o tempo inteiro, a fim de não nos fazermos opositores do bem, mesmo engrossando as fileiras do trabalho do bem. Existe uma hierarquia de valores, de força moral, de tempo de trabalho ou folha de serviços, o que deve ser sempre observado para que não venhamos a ser considerados como usurpadores do divino patrimônio que nos foi confiado.

Então, que tal deixar Cristo conduzir a embarcação novamente? Que tal deixá-lo conduzir sua vida de maneira total, exclusiva e, sobretudo, com o máximo de qualidade? Vai ser fácil? Claro que não. Principalmente depois dos estragos que fizemos na administração da nossa vida e do patrimônio divino que Ele nos confiou. Primeiro, é Cristo que terá o desafio de consertar o estrago causado por nós. Ele, além de mestre, é um excelente médico de almas. E usa métodos suficientemente eficazes para arrancar-nos da situação em que nos encontramos através de cirurgias internas, íntimas, profundas. Em seguida, vem a reconstrução de nossa vida, do trabalho, da obra que Ele inaugurou. Para essas duas etapas Ele precisa de nossa ajuda, mas sobretudo precisamos de sua direção.

Quando as coisas estão complicadas, em crise, não existe outra saída senão simplificar; simplificar ao máximo para sobrevivermos com qualidade e prosseguirmos a marcha, na certeza de que Cristo seja tudo em todos. Se mesmo assim você ainda quer fugir de Cristo ou de Deus, o diabo lhe emprestará a espora e o cavalo... Pense nisso e no significado dessas palavras e dessa metáfora em sua vida.

21

GENTE SEGUINDO A CRISTO OU GENTE SEGUINDO GENTE?

"E, respondendo o anjo, disse-lhe:
Descerá sobre ti o Espírito Santo, e a virtude
do Altíssimo te cobrirá com a sua sombra"

Lucas 1:35

O BSERVO COM GRANDE interesse a movimentação que se verifica nos movimentos religiosos da atualidade. Há realmente um interesse crescente em apresentar resultados, em dar maior qualidade ao trabalho espiritual e, sobretudo em alguns agrupamentos, arrebanhar ou converter almas para Jesus. Em outros grupos, a conversão de almas é menos valorizada, e investe-se no chamado avivamento da fé, na construção de obras sociais e beneméritas ou mesmo em encontros, nos quais se pretende louvar a Cristo. Músicas inspiradoras, discursos inflamados, pregações apaixonadas; em resumo, imensa movimentação em torno da figura de Cristo, como se pretende. Ainda assim, embora seja Cristo o objetivo pretendido por inúmeros representantes, fico a pensar se realmente é Cristo quem está sendo louvado e evidenciado ou se são os cantores, os corais, os apresentadores, os pregadores e expositores, os padres e os religiosos, de modo geral.

O que pretendo com minha reflexão é simplesmente tentar definir os papéis nessa movimentação que tem levantado poeira em tão grande número de lugares. Aprendi, durante minha peregrinação pela vida, que movimento nem sempre significa construção. Quando tento identificar o objetivo maior e primeiro desse movimento de louvação, de encontros fraternos ou de congressos, nos quais se pretende louvar, agradecer ou difundir conhecimento, pergunto a mim mesma se é Jesus o principal convidado; se é Ele quem está sendo aplaudido, louvado e sendo fonte de inspiração, ou se são os apresentadores e aqueles que disputam os aplausos da multidão. E, quando me ponho a pensar nisso tudo que se faz pelo mundo chamado cristão, fico a imaginar se não está faltando mais unção do espírito, mais florescer ou renascer da vocação, e menos movimentação.

Falo e penso assim porque, certa vez, quando visitei determinado país considerado bem desenvolvido, onde os cristãos eram maioria, além de devotos ao santíssimo nome de Cristo, pude presenciar alguns desses movimentos renovadores em ação. Ali assisti a notável movimento em torno de ideias novas, a uma profusão de apresentações de corais, *shows* e concertos inspiradores, nos quais a multidão ia ao delírio, quase ao frenesi.

Deparar com esse movimento me inspirou a refletir sobre minha vocação pessoal, sobre a inspiração no trabalho que realizo e sobre o fato de ter ou não a unção divina para fazer o que faço. Foram reflexões muito serenas, mas com fortes consequências para meu trabalho e minha vida pessoal. E o que pretendo aqui, compartilhando com você estes pensamentos mais secretos, ao menos até então, é também produzir essa reflexão benéfica e necessária, com o intuito de definirmos o objetivo e o foco de nossa atividade espiritual ou mesmo religiosa.

Será que os eventos que realizamos têm como foco nosso ego, nossa pessoa e tudo que gira em torno de nós? Será que, de toda movimentação que faço ou realizo, resulta alguma construção sólida, seja física ou espiritual? Ou será que simplesmente estou levantando poeira para encobrir minha falta de fé, minha nudez espiritual? A quem estou realmente evidenciando com meu trabalho, mesmo que esse trabalho esteja, em algum momento, salientando a figura de Cristo: será o Cristo histórico ou a minha interpretação pessoal do que Cristo significa? Ouso questionar mais: Cristo é real para mim, no trabalho que faço, ou não passa de um ícone, um símbolo do qual me utilizo para promover minha instituição, o trabalho por mim fundado ou representado?

Tais reflexões foram de imensa valia para redefinir minha caminhada, a partir de certo momento. Julgo-as de grande valor num momento em que vejo muita movimentação e pouca unção nos movimentos religiosos em geral. Nos especializamos em fazer reuniões intermináveis, demoradas, cheias de ideias inspiradoras, porém, sinceramente, demoro a ver alguma vocação e noto pouquíssima gente ungida pelo espírito.

Veja bem que, quando falo em unção, me refiro a autoridade espiritual, força ou ascendência moral, inspiração genuína, vinda de Deus ou de seus representantes, aos quais muitos dão o nome de anjos ou outros condizentes com seu segmento religioso. Vejo gente seguindo gente, e pouca gente seguindo Cristo. Vejo ajuntamentos em torno da figura de algum padre que está no auge do sucesso ou de determinado pastor que arrebata fiéis com suas pregações; enfim, de algum representante espiritual que inspira multidões. Noto nessa movimentação intensa uma sede de Deus, uma busca pelo aspecto espiritual, muito embora note também um desespero existencial muito grande, como se o povo estivesse perdido e seguisse qualquer um que se evidencie ou se eleja representante de Deus.

Que vejo, meu Pai? Será isso espiritualidade? Ou simplesmente um delírio ao qual dão o nome de religião? Onde está Deus? Onde está Cristo, nisso tudo? Onde está a espiritualidade, em meio a essa profusão de luzes, gritos e aplausos? Com certeza, muita gente tem encontrado uma experiência sensorial maravilhosa em situações como as que descrevi, mas, ainda refletindo, cabe indagar: será isso o cristianismo renovado ou, na verdade, uma nova versão de Cristo apresentada à multidão faminta de Deus e de Cristo? Afinal, quem estamos venerando em nossos encontros, pregações e cultos? Até que ponto a figura de Cristo é realmente a daquele nazareno que caminhava entre os oprimidos, os pobres, os rejeitados da sociedade e as minorias sociais? Ou será que aprendemos a reescrever o nome santo de maneira diferente? Será Jesus ou Jeu? Será Cristo ou Cri$to?

Perdoe-me a sinceridade, a forma inquietante de abordar este tema, mas quero realmente produzir uma reflexão a respeito da forma como temos realizado nosso caminho de espiritualização. Acredito que precisamos palmilhar um caminho mais inteligente, elaborar uma fé mais inteligente, inspiradora, mas, sobretudo, questionadora, reflexiva. Somos chamados a servir a uma causa nobre, elevada, especial, e não podemos nos distrair do ideal apresentado por Nosso Senhor, mesmo que em meio a palcos, aplausos e holofotes. Evangelho é Boa-Nova, mas sem jamais perder a simplicidade. Dar qualidade ao trabalho de Cristo é dar brilho à sua mensagem, sem macular o mais importante e o maior

brilho que ela possui, que é exatamente a simplicidade com que foi apresentada por Nosso Senhor – e que,
acredito firmemente, permanece ainda hoje como marca de sua passagem sobre a Terra.

22

CARIDADE NÃO
SÃO MIGALHAS: É AMOR

"Conheço as tuas obras, que nem és frio nem
quente; quem dera foras frio ou quente!
Assim, porque és morno, e não és frio nem quente,
vomitar-te-ei da minha boca.
Como dizes: Rico sou, e estou enriquecido,
e de nada tenho falta; e não sabes que és um
desgraçado, e miserável, e pobre, e cego, e nu;
Aconselho-te que de mim compres ouro provado no
fogo, para que te enriqueças; e roupas brancas,
para que te vistas, e não apareça a vergonha
da tua nudez; e que unjas os teus olhos
com colírio, para que vejas."

Apocalipse 3:15-18

COSTUMO QUESTIONAR muita gente que envia seus donativos a instituições de caridade, para serem dados aos pobres. Muitos dizem que sou dura com aqueles que doam, tanto quanto com os que recebem. Mas minha atitude, ainda assim, é de questionamento. Assisto diariamente à chegada de roupas, móveis e uma série de outras coisas e, francamente, mesmo depois de muita observação, não se pode concluir do que se trata. Algumas vezes conseguimos notar que aquilo que é enviado aos pobres já foi uma roupa, um dia. Mantimentos visivelmente estragados, vestes rasgadas, móveis quebrados e medicamentos vencidos – isso é muito comum no dia a dia das instituições que abrigam ou prestam assistência a pessoas de baixa renda ou renda nenhuma.

Pensando sobre essa realidade, me ponho a imaginar se os doadores, por vezes cristãos fervorosos e caridosos, pensam de fato que estão fazendo alguma coisa para os pobres ou se porventura reconhecem que fazem é para si mesmos. Pois constato é que muita gente acha que instituição de caridade é depósito, no qual se joga toda sorte de coisas destruídas, quebradas, vencidas ou em péssimo estado de conservação. Será mesmo que os doadores pensam estar ajudando alguém, além de si mesmos, apenas aplacando a culpa e sentindo-se ilusoriamente em paz com a consciência? Será que acreditam que os pobres, por serem pobres, se contentarão com qualquer migalha[1] de esmola – sim, pois se trata de esmola, e não caridade genuína – que cai das mesas, dos apartamentos, das casas de seus pretendidos benfeitores? Ou será que a caridade, no caso, acontece é no favor que as casas de apoio e de filantropia fazem ao receber tais donativos?

Queria ver se as mesmas pessoas que doam tais objetos se sentiriam bem, caso trocassem de lugar com os chamados pobres, e recebessem, no momento da necessidade, esse tipo de doação. Muitas vezes eu tomava nas mãos os restos de algo que um dia foi roupa e me perguntava quem era o mais necessitado, se o suposto beneficiário dos restos a que chamavam donativos ou quem os doava. Meu Deus! Nunca vi tanta miséria quanto nas almas dos que procedem assim. Ainda hoje fico transtornada quando vejo serem indivíduos que se dizem cristãos os que julgam fazer caridade com o res-

[1] Cf. Lc 16:18-25.

to, a sobra quase imprestável do que sobeja de suas casas e suas vidas. É certo que, depois de remendar muito pano, gastar dias tentando imaginar no que vai dar aquilo que temos à frente, descartar as coisas que apodreceram na casa dos doadores caridosos e foram despejadas na instituição de caridade, aí sim, conseguimos produzir algo do que sobra. Isto é, lixo.

Pensa você que isso é algo que ocorre vez ou outra? Pois visite qualquer instituição benemérita e converse com seus organizadores e trabalhadores. Verá quantas vezes isso acontece.

De toda forma, o que me move a registrar essa visão pessoal a respeito da esmola que muitos oferecem é promover uma reflexão honesta sobre o que é destinado aos pobres. Será que nossos pobres são tão miseráveis assim, que lhes destinamos exatamente aquilo que não presta mais para nós? Ou melhor, será que acreditamos realmente que essa atitude pode ser considerada caridade? Em minha vida, minhas reflexões, tenho chegado à conclusão de que a única maneira de demonstrarmos gratidão a Deus é *amando* o próximo, e não lhe concedendo as sobras de nossa mendicância espiritual ou material. Devemos é promover dignidade, resgatando, nas almas dos convidados do Senhor, a honradez e o sentimento de serem amados. Caridade verdadeira é aquela que visa e proporciona integração à sociedade de maneira justa, honesta, participativa. Por serem pobres, não significa que estejam desamparados de Deus, tampouco que estejam na situação de depósito vivo de nossa miserabilidade. Afinal, são gente! São pessoas e merecem ser respeitadas como tais. É desrespeito não tratar os pobres com a dignidade e a consideração que todo ser humano merece.

Essa realidade me faz pensar sobre nosso conceito de cristianismo. Como temos visto Cristo e seu reino, em nossas acanhadas concepções, se os pobres são a face mais visível de Cristo no mundo? "E, respondendo o Rei, lhes dirá: Em verdade vos digo que quando o fizestes a um destes meus pequeninos irmãos, a mim o fizestes".[2] Assim, fico a imaginar o que damos a Cristo de nossa vida, como um todo. Tanto das coisas materiais, do nosso tempo, quanto de nossa pretensa vida espiritual. Pois o que escrevi a respeito das coisas materiais também se aplica a questões espirituais e emocionais.

Penso a respeito de mim mesma, quando vejo situações tão corriqueiras como essas às quais me referi. Que tenho doado a Cristo? Como tenho tratado esse Jesus disfarçado na criança de rua, no mendigo, no morador

[2] Mt 25:40.

de rua ou nos pobres em geral? Não há como não lembrar uma vez mais das recomendações de Nosso Senhor: "Vede, não desprezeis algum destes pequeninos, porque eu vos digo que os seus anjos nos céus sempre veem a face de meu Pai que está nos céus".[5]

Fico avaliando meu próprio comportamento, muito mais que o daqueles que doam suas migalhas. Porque, afinal, a atitude de dar as sobras, as coisas estragadas que estão dentro de casa, talvez seja um reflexo da vida íntima da pessoa que age assim. Muitos oferecem as coisas internas apenas quando estragadas, isto é, o resto esquecido de suas emoções, o trapo de sua vida espiritual e íntima. Querem fazer caridade mantendo a mendicância e a dependência dos pobres em relação aos quilos de mantimentos e sopas que distribuem. Em vez de libertar, esse tipo de caridade às avessas cria laços doentios e duradouros entre aqueles que doam e os que recebem.

Parece que manter os pobres reféns da suposta benemerência atende à necessidade íntima de muita gente, que assim lhes pode exibir a amigos e companheiros de ideal, como se fossem um troféu espiritual, um atestado da enorme bondade, do zelo e da compaixão notá-

[5] Mt 18:10.

veis que trazem dentro de si. Possivelmente, o vínculo de dependência que se cria entre ambas as partes se assemelha muito mais a uma espécie de simbiose espiritual e emocional do que à caridade legítima, genuína. Quem sabe a casa mental, a vida emocional e espiritual dos doadores de migalhas não esteja na exata medida em que se encontra o estado de suas doações?

Recordo um sermão que ouvi algum dia, em minha antiga vida de religiosa. Esse sermão postulava que ninguém doa aquilo que não tem. E o contrário também é verdadeiro: só doamos aquilo que temos. Em termos de caridade, doar significa libertar, promover o ser humano, e não submeter o indivíduo à situação de paternalismo ou assistencialismo, que o mantém na dependência.

É por tudo isso que, ao ver situações que desnudam a alma humana com tal intensidade, penso na minha vida espiritual, na qualidade daquilo que chamo e interpreto como cristianismo. E me envergonho, em tantas ocasiões, de ser chamada de seguidora de Jesus. Me envergonho de Cristo. Pois a minha caridade não passa de disfarce para minha incompetência espiritual. Minha doação às vezes se assemelha a uma máscara, que serve para ocultar minha verdadeira situação espiritual, emergencial, como na mensagem de Cristo à igreja de

Laodiceia: "Miserável, e pobre, e cego, e nu".[4]

Quem sabe seja por isso que me envolvi num sári, na tentativa de esconder a vergonha da minha nudez espiritual? Reflito diariamente a esse respeito, sondando os verdadeiros motivos das ações que empreendo em relação ao próximo. Tenho pensado com intensidade naquilo que os pobres representam para mim, em matéria de desafio. Também cogito nos desafios que eles representam para a sociedade, os governos e os cristãos. E me ponho a imaginar a resposta de Cristo a nosso investimento naquilo que chamamos de bem. Chego a tristes conclusões.

Temos de reciclar urgentemente nossos conceitos sobre caridade, bondade e generosidade. Urge rever nossa visão sobre o pobre, a pobreza e o modelo assistencial paternalista que adotamos ao longo dos últimos tempos. Enfim, é inadiável proceder à remodelação de nossas crenças pessoais e nossa fé, pois, se Cristo permanece o mesmo, nós mudamos muito a visão sobre Ele. Interferimos de tal maneira no legado de Cristo, à medida que elaboramos o cristianismo, que dificilmente se reconhece o sentido original das palavras de Nosso Senhor nas atitudes dos cristãos.

[4] Ap 3:17.

23

BUSCAR DESACERTOS NO OUTRO É FECHAR A PORTA AO OTIMISMO

"E por que reparas tu no argueiro que está no olho
do teu irmão, e não vês a trave que está no teu olho? Ou
como dirás a teu irmão: Deixa-me tirar o argueiro do
teu olho, estando uma trave no teu? Hipócrita,
tira primeiro a trave do teu olho, e então cuidarás
em tirar o argueiro do olho do teu irmão."

Mateus 7:3-5

EM TODA AÇÃO HUMANA, encontraremos sempre algo a ser reciclado, alguma coisa a ser aprimorada. Quando não admitimos que precisamos melhorar, é que julgamos ter atingido a perfeição. E perfeição, no trabalho que realizamos em nome de Nosso Senhor, é um problema muito sério, pois ela é inimiga do progresso. Se tudo está perfeito, não há o que melhorar, não há por que progredir. Se atingimos a excelência, não há lugar para aprimoramento e investimento em melhorias, então paralisamos. E quem paralisa, passa, fica para trás, é ultrapassado.

Como decorrência natural da necessidade constante de aperfeiçoamento, é igualmente verdade que, se nos especializarmos em procurar defeitos, falhas e coisinhas erradas, por certo será farta nossa colheita; digo mesmo que não acharemos outra coisa. É que, como eu disse, em qualquer aspecto da atividade humana – pessoal, espiritual, profissional, no trabalho voluntário etc. –, como estão envolvidos seres *humanos*, sempre existe algo a melhorar. Portanto, procurar defeitos é encontrá-los a cada passo.

Então, temos um verdadeiro desafio à nossa frente. Trata-se da busca por reeducar nossos olhos e nosso olhar para perceber as coisas boas e aquilo que existe de melhor; trata-se de valorizar os acertos, as vitórias, as superações e transformações ocorridas na caminhada. Sem nos esforçarmos para pôr a concentração nas coisas boas e positivas, fatalmente nosso olhar viciado encontrará ou relembrará sempre as questões mais difíceis ou desagradáveis.

Temo que, com esse tipo de olhar, os traumas e as decepções do passado comprometam o presente a tal ponto que possam impregnar o cérebro com uma espécie de hipnose dos sentidos. Em situações assim, a pessoa com a visão embotada acaba por adotar uma postura pessimista, desenvolvendo um olhar sobre a realidade que não vê perspectiva de melhora. Além do mais, seus atos mais corriqueiros refletirão a forma como percebe as coisas ao redor e a própria vida. É que se habituou a procurar defeitos e ver coisas erradas, de tal modo que não consegue captar as intuições benéficas, as saídas mais evidentes ou, ainda, valorizar as coisas boas, a fim de não se desgastar com as pequenas situações, que normalmente ocorrem como parte das realizações humanas. Portanto, o maior desafio – e, ao mesmo tempo, o maior triunfo – é ver o lado bom e desenvolver o hábito de perceber que nós também erramos, e erramos feio, frequentemente comprometendo os resultados esperados de nós ou que nós esperamos.

Aquele que se especializa em encontrar defeitos adota, geralmente, uma posição no mínimo estranha e comprometedora: mascara os próprios erros ou encontra alguém que o auxilia a mascará-los, passando as mãos na própria cabeça e sempre encontrando desculpas ou justificativas para si próprio. Enquanto isso, a intolerância com o próximo alcança tal patamar que é como se o outro fosse visto como inimigo da causa, do trabalho ou, até, inimigo pessoal.

Essa intolerância para com os erros do outro é uma espécie de fuga, que cumpre a finalidade de justificar ou mascarar os próprios erros e desacertos. Incapaz de admitir que não tem um caminho melhor para apresentar, vendo-se encurralado diante dos resultados desastrosos que apresenta em seus projetos e na forma de conduzir tanto a própria vida quanto o trabalho que representa, é mais fácil focar nos desacertos alheios e ensaiar um teatro emocional, no qual a irritabilidade e a insatisfação com os demais comparece como fator maior do que os próprios erros. Para piorar a situação, ao apresentar o erro do outro de maneira ostensiva e assustadora, usa da arma da violência, seja emocional, física ou verbal, no intuito de acuar aqueles que poderiam chamá-lo à realidade ou à compreensão dos próprios erros.

Ante esse quadro, que encontramos em todos nós, em maior ou menor medida, é mais inteligente adotar uma política interna de reeducar as emoções e o próprio olhar – nosso cérebro, enfim –, de maneira a vermos o lado bom, os progressos do grupo ao qual pertencemos e os avanços das pessoas com as quais convivemos e que eventualmente julgamos incorrer em número maior de erros que nós mesmos. Se procurarmos defeitos, com certeza os encontraremos; porém, se focarmos nos avanços realizados e nas conquistas daqueles com quem lidamos, seus erros parecerão bem menores ou, ao menos, tomarão conformação semelhante a dos nossos.

Não posso me furtar a citar Nosso Senhor, que, diante da mulher que seria apedrejada, disse: "Aquele dentre vós que está sem pecado seja o primeiro que lhe atire uma pedra".[1] Quem pode, em sã consciência, afirmar que está isento de erros, equívocos e enganos?

De posse de uma outorga de Cristo para administrar o trabalho que realizamos, temos o dever de fazê-

[1] Jo 8:7 (BÍBLIA Sagrada. Tradução revisada de João Ferreira de Almeida. São Paulo: Imprensa Bíblica, s.d.).

-lo de maneira a não nos esconder do fato de que todos somos responsáveis. Assim sendo, em vez de procurar focar nos defeitos e desacertos das pessoas que trabalham conosco, seria bem melhor propor soluções; no mínimo, não rejeitar aquelas apresentadas. Porque, se por um lado dedicamos atenção especial aos tropeços de algum bode expiatório que encontramos em nosso meio, de alguma pessoa que cometeu, no passado, algum erro do qual não nos desvencilhamos emocionalmente, por outro fazemos oposição a ideias novas ou antigas que poderiam muito bem ser a porta para achar soluções viáveis para o caso que nos angustia. Então, o problema não é somente o fato de alguém ter errado, mas também a oposição sistemática que fazemos à possibilidade de essa pessoa acertar, corrigir ou experimentar uma saída possível.

Parece que Cristo e seus emissários enfrentam um desafio muito maior com relação à nossa pessoa do que ao problema, conforme o percebemos. Isso porque deparam com séria oposição às ideias inspiradoras nos que enviam, através dos diversos caminhos da inspiração e da intuição.

Se porventura o problema percebido por nós ocorre no âmbito das questões espirituais ou da realidade que circunda esse aspecto de nossa vida, nossa rebeldia e oposição é ainda maior. Achamos que somos donos do trabalho e analisamos as inspirações sob a ótica das coisas meramente humanas, esquecendo-nos de que a matemática divina difere ligeiramente das equações humanas, quando se tem a participação do elemento fé. Ou seja, precisamos abrir campo e possibilidade para que penetre em nossas cogitações a interferência espiritual benéfica, pois, sem a participação da fé na solução dos problemas encontrados, jamais teremos um olhar otimista ou veremos um final feliz.

É preciso transcender o problema e perceber que muita coisa angustiante enfrentada por nós e muitos desafios talvez venham apenas para mostrar-nos que precisamos mudar a rota, modificar a forma de gerenciar as situações, a vida e as emoções. Podem servir também para que aprendamos a selecionar com mais propriedade as pessoas em que dizemos confiar, pois, embora tenhamos uma relação amigável com muitas delas, tais pessoas não servem para tomar conta do trabalho a nós confiado. Não podemos deixar para outro a responsabilidade confiada a nós. Lamento muito ser a intérprete desse pensamento inspirado por Cristo, mas, se a responsabilidade é nossa, não há como transferi-la a outro. Não há como fugir, dormir, viajar ou mascarar a situação. Somos, queiramos ou não, corresponsáveis pelo gerenciamento da obra a nós confiada. Culpar o outro, procurar defeitos ou transferir a eles a atenção é uma forma de fugir das próprias limitações. Fugimos de nos enfrentar e fugimos também de ter de admitir publicamente que erramos, que somos humanos e que todos estamos apenas tentando, mas não atingimos ainda a sabedoria e conhecimento plenos.

Então, pergunto: por que procurar erros nos outros? Detemos suficiente quantidade deles em nós mesmos, o que demandará tempo para sua reciclagem. Seria muito mais inteligente fazer uma programação, um roteiro no qual todos entrem como elementos de ação, e todos, incluindo nós mesmos, possamos colaborar na busca por soluções, e não por transferir responsabilidades. Pergunto, ainda: que direito temos de cobrar do outro acertos que nós mesmos não mostramos? Onde está nossa fortaleza moral que nos concede o direito de matar os desejos de realizações que brotam no coração do outro? Exigimos tanto, angustiamo-nos tanto procurando cobrar acertos dos outros, ao passo que nós mesmos não temos acertado tanto quanto julgamos.

Portanto, para concluir este pensamento, procuro ainda as palavras dos santos Evangelhos, que, embora soem duras, refletem nossa necessidade pessoal. Antes de focarmos a debilidade alheia e ignorar nossa própria, lembremos: "Hipócrita, tira primeiro a trave do teu olho, e então cuidarás em tirar o argueiro do olho do teu irmão".[2]

[2] Mt 7:5.

24

REENCONTREI JESUS EM MEIO AOS POBRES MAIS POBRES

"O Espírito do Senhor é sobre mim,
pois que me ungiu para evangelizar os pobres.
Enviou-me a curar os quebrantados do coração"

Lucas 4:18

PELAS RUAS DE CALCUTÁ eu caminhei. Foi em suas vielas e casebres, entre os pobres e miseráveis, que experimentei a Cristo em mim mesma. Chorei debaixo de algumas árvores e foi em seu rio caudaloso que deixei minhas lágrimas caírem um dia, misturando-se com as lágrimas dos peregrinos. Aprendi muito pelo mundo, nas cidades onde passei em busca de Cristo. No entanto, não foram os lugares que me ensinaram, mas as pessoas com as quais convivi. Entre todas com quem compartilhei a caminhada e os caminhos, foram os pobres os meus mais severos e mais sábios instrutores. Não fosse a convivência com os pobres, talvez eu teria perecido na ignorância espiritual e na apatia dos conventos. Eles, os filhos do calvário, ofertaram a mim o convite de Cristo para que eu pudesse sair do ostracismo e do protecionismo religioso, da vida quase sem sentido, e me dedicasse a encontrar o meu Senhor disfarçado em crianças, velhos, jovens e toda aquela gente sem recursos econômicos, culturais ou humanos com a qual convivi.

Procurei muito pelo rastro de Cristo e sujei meus

pés, pisando a mesma lama e a mesma poeira dos muitos pobres com os quais convivi. Foi somente quando me confundi com eles, quando me vi unida profundamente com a causa dos desesperados, é que comecei a vislumbrar a figura de Nosso Senhor – quase como um vulto, escondido ou disfarçado na figura dos oprimidos. Não quero, com essas minhas palavras, afirmar que somente assim é que se encontra a Cristo, que somente entre os mais pobres é que se palmilha a estrada de meu Senhor. Digo que esse foi o caminho que eu escolhi, e a forma como encontrei de ter uma experiência pessoal de Deus e de me achegar a Ele.

Quando menciono o pobre, não quero dar a entender, também, que a pobreza seja um estado social desejável, virtuoso, melhor ou mais bonito de se viver. É bom deixar clara a diferença entre o pobre e a pobreza para não confundirmos dedicação a um ideal de vida com apologia a determinada maneira de viver. Em nenhum momento quis advogar que viver na pobreza é algo a que se deve aspirar, pois a pobreza em si pode ser a causa da miserabilidade, da falta de educação básica e, muitas vezes, conduzir ao desespero, à desesperança, à revolta, entre outras atitudes indesejáveis. Falo do pobre como ser humano digno de ser tratado, resgatado e estimulado, do ponto de vista social e espiritual, como qualquer outro integrante da humanidade. O pobre, este sim, está no cerne de minhas considerações. Interessa-me profundamente aquele que pode ser alvo de inúmeras ações humanitárias, sociais, educativas, de modo a investir num melhor futuro do que aquele que a pobreza consegue descortinar.

É a esse contexto que me refiro quando digo que aprendi muito com meus pobres em Calcutá e em todos os cantos do mundo por onde andei. As ruas de Calcutá serviram para mim como aulas na universidade da vida. Também foi através dos pobres que conheci muita gente boa, honesta, desonesta, ruim, cristã ou não, mas que de alguma maneira me enriqueceu com experiências que fizeram de minha alma o que hoje sou: uma peregrina do Senhor.

Então, posso afirmar que encontrei, justamente entre os mais necessitados de apoio espiritual e humanitário, aquela ciência de viver que me fez abrir os olhos para a realidade, nos bastidores da vida. Sim, porque foi estimulada pelo trabalho constante em dedicação aos pobres mais pobres que, de alguma forma, pude perceber além das aparências humanas, além da compleição física daqueles com quem me deparei, e penetrar muito mais fundo do que o simples olhar da multidão. Trata-se de uma experiência que nenhuma tecnologia humana poderia me facultar. E, se posso me orgulhar de alguma coisa, é do trabalho de milhares de almas, de tantas pessoas que deram as mãos em sintonia com a mesma inspiração que, um dia, me arrancou da ociosidade espiritual e me lançou em direção a Cristo, pelos caminhos do mundo. Não o Cristo crucificado, mas aquele que caminha pelas ruas, favelas, vielas, às margens dos rios e no meio da multidão. Falo do Cristo que quase ninguém procura e muito poucos veem ou percebem debaixo do disfarce que Ele utiliza quando caminha entre nós.

Foram precisos 2 mil anos para que eu o reencontrasse novamente, andando pelas ruas do mundo. Não mais em Betânia, nem na Galileia, mas pelas ruas do mundo e nos bairros da vida. Foi assim que vi e encontrei o meu Senhor, e entre os mais simples foi onde o vi passar. Procurei-o entre os representantes máximos da religião e entre os religiosos; passei por entre os mais cultos e inteligentes, sábios e ricos, elegantes e belos, mas ainda assim não o encontrei. Foi escondido entre os recantos sombrios, entre os casebres frios e a gente considerada ignorante que o vi e o encontrei. Foi então que cheguei à conclusão de que meus pobres foram os melhores professores que tive, em toda a minha existência.

Certa vez, um homem de poder, dominador de um país pobre, ofereceu-me dinheiro para custear algumas obras sociais. Logo os considerados bons e politicamente corretos se levantaram para questionar se o dinheiro sujo deveria ser usado para obras beneméritas. Então pensei: ele, esse ditador, também é filho de Deus. E se esse pequeno copo d'água, esse recurso que ele está ofertando, for exatamente a única caridade que ele consegue fazer em toda a sua vida? E se esse dinheiro sujo – como dizem alguns – representar para ele a corda de salvação, que estende aos pobres? Se eu recusá-lo, quem sabe estarei fechando uma porta que se abre para sua alma ou cortando o acesso que ele encontrou para o coração e os sentimentos mais elevados emergirem, gota a gota, de sua alma torturada? Então, resolvi ser a ponte entre esse homem e os pobres, pois entendi que, se Cristo inspirou alguém – por pior que seja considerado – a dar algo em benefício dos que sofrem, quem sou eu para filosofar e fazer história em cima da atitude de alguém?

Para mim, essa experiência foi significativa, pois aprendi que, em todas as posições sociais, em todas as nações do mundo e entre todos os homens, qualquer que seja sua situação íntima, espiritual, Deus age, Deus fala, Deus insiste, em silêncio. Foi então que comecei a procurar Deus inclusive na escuridão, onde muitos julgam não encontrá-lo. Também aprendi que, entre aqueles ditos bons, que se consideravam corretos, cidadãos de uma sociedade livre e democrática, nem sempre Cristo encontra parceiros – aliás, na maioria das vezes. Pois muito da bondade, da honestidade e da política do chamado bem é apenas política, e não sai do papel ou dos gabinetes dos que se exibem como bons, honestos, trabalhadores ou defensores dos direitos humanos.

Fazer o bem, achegar-se aos pobres somente nos momentos em que se puder ser visto, naquelas ocasiões em que se pode ser filmado e aparecer nas telas da televisão, isso não é fazer o bem da maneira recomendada pelos santos Evangelhos; é usar da fama de bom, se aproveitar dos pobres e necessitados para projetar-se no mundo e continuar se exibindo em nome de uma causa qualquer. Tem muito ladrão, muita gente desonesta que usa das causas sociais e beneméritas para se autopromover. Entre estes, eu nunca vi a Cristo. Vi apenas fariseus modernos disfarçados de ovelhas prontos a gritar, destruir e brigar, fazer guerra para manter a posição conquistada, mediante atitudes disfarçadas de cristãs e de cidadania.

Fico pensando se esse tipo de comportamento não foi um dos motivos pelos quais desisti de procurar o meu Senhor entre os mais sábios, requintados e bem vestidos e, quem sabe ainda, foi também por isso que Ele, Nosso Senhor, se escondeu, como ainda se esconde, entre o povo mais simples e mais necessitado. E entre os pobres mais pobres do mundo, eu, pessoalmente, prossigo, seguindo as pegadas daquele que um dia agradeceu a Deus desta maneira: "Graças te dou, ó Pai, Senhor do céu e da terra, que ocultaste estas coisas aos sábios e entendidos, e as revelaste aos pequeninos".[1]

[1] Mt 11:25.

25

MEUS POBRES PRECISAM DE MUITO MAIS DO QUE PÃO

"Lembra-te, pois, de onde caíste,
e arrepende-te, e pratica as primeiras obras"

Apocalipse 2:5

O BSERVO O TRABALHO assistencial praticado em diversos lugares. Visito com profundo interesse as diversas manifestações de religiosidade, muitas das quais se dedicam ao amparo dos pobres e oprimidos. Também viajo com o vento e me vejo pousando aqui e ali, onde quer que se reúnam grupos formados para defender a causa dos necessitados, de todas as espécies. São organizações não governamentais, associações religiosas, casas de apoio, órgãos políticos ou governamentais, além de outras instituições, que proliferam dia a dia com o intuito de auxiliar, amparar, proteger.

Com base no que tenho observado, compreendam-me aqueles que compõem esse vasto exército de ajudadores espalhados pelo mundo, quero refletir sobre as motivações e a metodologia empregada. Ao propor essa análise, também me ponho no meio daqueles que agem em nome do bem. É que considero essencial avaliarmos nosso trabalho, nossa forma de materializar no mundo a misericórdia divina. Vejo-me o tempo todo me colocando no lugar do pobre, daquele que recebe o auxílio, a fim de tentar enxergar o trabalho deste outro lado, do lado daquele que em tese é o beneficiário. Então me pergunto, a cada dia, se o pobre com o qual estamos lidando precisa somente dos mantimentos básicos, de sopa, roupas usadas e um sorriso amarelo estampado no rosto de quem lhe serve. Será que isso basta? Será suficiente o assistencialismo para solucionar o problema da pobreza no mundo?

É comum pessoas se reunirem pessoas de bem e imbuídas do melhor propósito – sem falar daquelas que querem tirar proveito da fama da bondade –, a fim de amparar, socorrer e tirar das ruas e guetos aqueles que, segundo seu ponto de vista, estão mais necessitados. Fazem sopas, comidas e lanches e distribuem-nos semanalmente ou diariamente para o público-alvo de seu trabalho social e benemérito. Ao observar tarefas do tipo, volto a indagar se não precisamos ultrapassar as fronteiras do paternalismo assistencialista. Ponho-me no lugar daquelas almas socorridas e vejo-me mais necessitada de orientação e educação do que propriamente do pão, que, embora benéfico e capaz de solucionar a necessidade imediata, não preenche a necessidade real das pessoas.

Trabalhar com os pobres exige de nós grande capacidade de adaptação e a busca por um pensamento progressista, que nos coloque frente a frente com os recursos mais amplos da educação e da saúde em todos os sentidos – a saúde integral, da mente tanto quanto do corpo. Examinando sob esse aspecto, o modelo assistencialista que apenas acolhe, que paternaliza a ajuda, encontra-se numa encruzilhada, pois ou elabora um plano mais inteligente de resgate da dignidade humana, investindo em projetos inteligentes de educação e resgatando o sentido da caridade, ou ficará restrito a alimentar pessoas, que continuarão necessitadas e dependentes em todos os sentidos.

Depois de minhas reflexões sobre o assunto, chego à seguinte conclusão: embora muita gente faça um trabalho digno e respeitável de ajuda humanitária, o que soluciona mesmo e abre perspectivas de real melhoria daquele que é alvo de nossas ações é investirmos na base, no conhecimento, na educação daquele ser, que é um espírito, um filho de Deus, mas que, neste momento, apenas desempenha um papel no palco da vida. Esse mesmo ser humano, que se tornou objeto de nossa solicitude, clama por um trato mais humano e menos paternalista. Ele precisa ser promovido à categoria de cidadão e reintegrar-se à comunidade com o sentimento de dignidade restituído. Além disso, precisa se tornar uma pessoa produtiva e participar, de alguma maneira e em alguma medida, da provisão de sua própria subsistência. Ou seja, é necessário fortalecer iniciativas como aprender a ler e escrever, a comportar-se com o mínimo de educação e, também, a apresentar-se perante a sociedade numa condição melhor, e não como mendigo ou necessitado de migalhas da caridade alheia.

Podemos argumentar que eventualmente as políticas públicas não ajudam a estabelecer um método viável de educação. É possível, mas por que os representantes do bem não investem nesse método por si próprios? Há tanta igreja, tanto templo religioso com horário ocioso durante o dia e, em alguns casos, só abrem uma ou duas vezes por semana. Por que não transformamos nossos templos em escolas de almas? Por que não investimos nós mesmos em uma metodologia que alie os dois fatores? De um lado, a ajuda humanitária, o prato de comida e a roupa distribuída ao pobre; de outro, um método de educação que mexa profundamente com aqueles convidados do Senhor que chegam às nossas portas. Há tanta gente dedicada ao serviço do bem, a preparar cultos, pregações e vários serviços religiosos, que poderia muito bem dedicar-se a ensinar, compartilhar conhecimento e formar cidadãos! Em vez de manter seres humanos prisioneiros da miserabilidade, por meio do paternalismo que vicia e impede o progresso pessoal.

Já deparei com muita gente que se libertou da situação de necessitado e passou a trabalhar pela comunidade à qual pertence. Vi inúmeras pessoas que recebiam sopa, remédio, ajuda de espécie variada, que, a partir de certo momento, promoveram-se a auxiliares, ascenderam a uma posição melhor na sociedade e se transformaram em veículos de ajuda ao próximo.

Portanto, me pego imaginando e refletindo por que nós, os que adotamos alguma religião, não nos animamos a modificar ainda mais nossa metodologia – se já não o fizemos – e investir mais no processo educativo daqueles que nos buscam como necessitados, batendo-nos à porta.

Será mesmo que é um tipo de assistencialismo que Nosso Senhor Jesus Cristo queria inspirar quando nos falou sobre fazer ao próximo o que gostaríamos que fizéssemos a nós mesmos?[1] Quando me vejo no lugar do outro, dos pobres a quem dedico minha atenção, chego à conclusão de que necessito mais: quero dignidade, sentir-me útil, e não ser amparada indefinidamente por mãos alheias. Ante essas reflexões que ora compartilho, pergunto: Você se contentaria com o básico ou desejaria algo além de um prato de sopa para se sentir digno?

[1] Cf. Mt 7:12.

26

O DEUS EM QUE CREIO E O DEUS FORJADO PELAS RELIGIÕES

"Porque, como está escrito, o nome de Deus
é blasfemado entre os gentios por causa de vós."

Romanos 2:24

POR TRÁS DE TUDO O QUE VEMOS, percebemos ou sabemos da existência, existe uma mão diretora, uma arquitetura cósmica que tudo cria, elabora, dirige, organiza e mantém. Não há como negar a existência desse poder diretor e organizador do universo a que chamamos Deus e Pai, sem que nos vejamos numa grande encruzilhada filosófica. Ao negar a existência de Deus por trás dos acontecimentos, da história da humanidade – do universo, enfim –, teríamos de encontrar um modelo ou solução mais racional para entender o que preside e rege o cosmo.

Porém, quando falo da existência desse poder diretor e organizador do mundo, não me refiro ao deus criado pelo modelo religioso, alguém que se encontra sentado num trono soberbo e reluzente, prestes a infligir sua ira sobre a humanidade, por qualquer deslize cometido. Não quero me remeter ao deus criado à imagem e semelhança do homem, que, se apresentado da forma como fazem alguns religiosos, motiva a propagação do ateísmo. Tampouco falo de um deus paternalista ou que privilegia alguns poucos, que pensam e rezam sob determinada cartilha, em detrimento dos demais, que não veem as coisas segundo a crença dos que se pretendem eleitos. Com efeito, renego o deus que religiões e religiosos forjaram para defender seu ponto de vista a respeito de uma pretensa verdade.

Falo do Deus e Pai a que Cristo se referiu e que representava. Um Pai amoroso, que está muitíssimo longe de se deixar arrastar por emoções tipicamente humanas (imagine!). Que considera todos – religiosos, não religiosos, sábios, ricos, pobres, ateus, cristãos, budistas, hinduístas, judeus ou muçulmanos – como seus filhos e, portanto, são todos objeto de sua solicitude e amor. Falo desse Deus, que Cristo apresentou como sendo um Pai,[1] ou um ser que paira além do universo conhecido e muito mais além das interpretações que a massa de seus filhos terráqueos, crianças espirituais, faz a respeito dele.

Deus não pode ser confundido com os diversos retratos ou esboços que os homens fazem dele, mesmo em seus textos sagrados. O exemplo mais claro está no próprio cerne do cristianismo. Inventaram um deus que, depois de criar um mundo maravilhoso e coroar sua criação com a presença humana sobre a Terra, disso se

[1] Cf. Lc 11:2,11-13; Jo 1:18.

arrepende amargamente.[2] Que decidirá, num futuro incerto, pôr termo no que criou, numa hecatombe apocalíptica qualquer, simplesmente porque grande parte dos seres humanos não se converteu a determinada religião, pois não conseguiu ver lógica e bom senso nas crenças que se forjaram a respeito de Deus ao longo dos séculos. Esse deus, que em tudo se assemelha aos mais violentos seres humanos e cujo comportamento exibe todos os caprichos e requintes de crueldade de um tirano clássico – chegando ao cúmulo de enviar seus próprios filhos para um inferno *eterno,* ou seja, que dura para sempre – não é o Deus do qual falou Cristo nem é o Deus a que me refiro. Não mesmo!

Diariamente observo pessoas imbuídas de extrema boa vontade apresentarem o Pai como alguém que tem preferências por alguns e quer destruir a maioria, só porque esta não teve formação cultural, religiosa e espiritual igual a daqueles que pretendem segui-lo. Vejo um deus pobre de tolerância e de entendimento das questões humanas, pois que é apresentado pelos mais crentes como alguém impaciente com as fraquezas da humanidade e intolerante com a diversidade e a pluralidade dos seres que Ele próprio criou, no contexto do

---

[2] Cf. Gn 6:6-7,12-13,17.

processo evolutivo por Ele mesmo elaborado.

Sendo assim, pergunto: como querer que ateus, homens de ciência e quem quer que pense mais livremente porventura aceitem um deus pintado com tais características, criado e forjado nitidamente para atender aos interesses de uma política humana – ou melhor, desumana? É por isso que me pego pensando se a culpa por existirem tantos ateus e agnósticos não é nossa, não é minha, por apresentarmos uma ideia de Deus totalmente contrária à realidade dele, que certo dia enviou um embaixador ao mundo, a fim de dar a conhecer aos homens uma parcela de sua natureza paternal. Questiono se nós, cristãos, e mesmo religiosos que creem noutro formato da verdade, não somos responsáveis por grande número de pessoas rejeitarem, até mesmo como hipótese, a existência de Deus.

Por outro lado, vejo-me em oração, assim como tantas pessoas de bem, de boa-fé e boa vontade, ajoelhando-me diante dessa força poderosa, em pensamento e mesmo de forma literal. Ajoelhamo-nos e reverenciamos aquele que é a fonte de tudo quanto existe. E me vejo pequenina, quase insignificante, ante a grandeza desse pensamento diretor do universo. Constato que minhas verdades, opiniões e pontos de vista são apenas isto – minhas verdades, opiniões e pontos de vista –, bem longe de abarcar a totalidade daquilo que esse ser supremo representa ou deseja para nós, humanos.

Percebo que a cada um cabe um papel na vida. Religiosos, espiritualistas, ateus, agnósticos ou quaisquer outros – todos representamos a forma como Deus age no mundo. Os ateus têm um papel a desempenhar, é claro. Sem acreditarem, sem saberem ou conhecerem, colaboram de algum modo com o mundo, dentro do grande plano de Deus. Os demais, religiosos e espiritualistas, também são instrumentos desse mesmo Pai, segundo penso, para transformação e melhoria da qualidade de vida no planeta.

Não é razoável pensar que no céu, algum dia, encontraremos apenas religiosos. Pois, se lá encontrarmos os que se dizem representantes do Pai e os salvos e redimidos de tantas religiões, o céu deve ser um inferno. Imagino como seria esse céu, com tanta gente disputando seu lugar "merecido" e defendendo seu ponto de vista a respeito da verdade, de Deus e de sua doutrina. Talvez, devido a essas reflexões, é que eu nunca me vejo entre os santos e os bons, que estão com seu lugar garantido nesse inferno de céu. Prefiro ficar entre os pecadores, aqueles que não se envolvem em disputas por questões espirituais. Acho melhor permanecer entre os humanos, apenas humanos, pois que têm imenso trabalho pela frente, a fim de transformar este mundo num lugar cada vez mais agradável para se viver.

Até mesmo entre ateus ou agnósticos eu prefiro ficar, pois costumam trabalhar discretamente, sem se embrenhar em disputas inócuas acerca de uma suposta verdade espiritual. Apenas seguem, cumprindo a parte que lhes compete na criação, dentro dos próprios limites, mas trabalhando para o progresso do mundo. Afinal, não foi com esse objetivo que parcela da verdade se revelou para os humanos? Não é a caminhada rumo ao progresso que entendemos como objetivo de Deus em relação a seus filhos? Então, eu reflito: que importa se alguém acredita ou não em Deus, dentro do formato humano que o concebemos? Importa é se essa pessoa age em favor do bem, em suas diversas faces, colaborando para o progresso e a evolução do mundo! Afinal de contas, não é professar uma crença que define uma pessoa de bem. Como se sabe, podem-se encontrar homens de bem entre os ateus e homens contrários aos conceitos de bem, bastante contrários, entre os religiosos.

Penso que a verdade ou nossa visão da verdade não é o que determina se alguém é ou não de Deus. Considerando que o Deus e Pai a que Cristo se referiu está em toda parte, que está mesmo nos recantos mais obscuros do universo, que sua presença é onipresença e que sua sabedoria e inteligência lhe conferem a onisciência, como conceber um lugar no mundo ou no universo que Ele não alcance?

Em minhas pobres reflexões a esse respeito, cheguei a uma conclusão. Se o inferno criado pelas concepções humanas significa a absoluta falta de Deus, ou representa a suprema negação de Deus e de seus princípios, então esse inferno não existe! Pois que Deus está em toda parte e em todos os seres, inclusive dentro daqueles que afirmam renegar sua existência. Deus está lá, escondido, esperando que aquele ser o descubra numa experiência pessoal, intransferível, na qual a criatura o encontre e o perceba. E, caso existisse o inferno para onde o deus das religiões enviaria quem não aceita a interpretação da verdade segundo determinada cartilha, também aí estaria Deus. O mais vil dos demônios, levando em conta a onipresença, há de constatar a existência de Deus. Portanto, o ateísmo, conforme o concebem alguns, não pode subsistir. Basta uma crise existencial ou algo que choque o ser humano para que ele se lance ao encontro desse Pai amoroso e recorra a alguma força soberana que não sabe definir.

Algum sábio disse, certa vez, que admira muito encontrar alguém que lute contra algo que ele crê absolutamente que não existe. Quando vemos pessoas ilustres, homens de bem, representantes de um modelo de ciência afirmar e tentar provar que Deus não existe, podemos entender que, na maior parte das vezes, o que ele combate não é a ideia de Deus em si, mas a ideia do deus que os religiosos descrevem para ele e o mundo. Como podemos ver, a atitude de pretendidos ateus e agnósticos não implica repúdio à existência de uma consciência diretora e organizadora do universo, a qual denominamos Deus e Pai, mas refuta o deus forjado por algumas religiões e religiosos.

Sob esse aspecto, acredito pessoalmente que não existem ateus. Mas também acredito que o conceito de Deus apresentado por nós, cristãos, merece ser revisitado e atualizado. Afinal, há grande probabilidade de que apresentemos nossas verdades a respeito de um Deus sobre o qual detemos apenas apontamentos, e de alcance bastante limitado. Um Deus cuja existência no universo é mais patente por meio da assinatura que deixou no mundo criado, do rastro energético que caracteriza sua presença, do que propriamente através de crenças estabelecidas e disputadas a tapas e guerras por aqueles que pretendem defender e reafirmar sua existência.

Essa é a razão pela qual, segundo vejo, em nenhuma época da humanidade, qualquer concepção de Deus conseguiu superar a ideia apresentada por Cristo. Sem complicações, sem conceitos complexos, Cristo descreveu Deus, simplesmente, como Pai.

27

TEMPERAR A TAREFA COM EQUILÍBRIO É APRENDER A AMAR A VIDA

"Disse-lhes, pois, Jesus outra vez:
Paz seja convosco; assim como o Pai me enviou,
também eu vos envio a vós."

João 20:21

ANTE AS DIFICULDADES que apontei, a respeito da nossa responsabilidade com o trabalho cristão, nossa aparente incompetência em administrar o tempo e o volume de atividades – ou, quem sabe, nossa demora em responder ao chamado para uma união mais íntima e intensa com o Mestre –, compete-nos refletir. Falo da necessidade de avaliar se não estamos abraçando muita coisa ao mesmo tempo, assumindo muitas tarefas que estão, por assim dizer, na periferia da atividade espiritual e deixando de lado o objetivo central, no qual deveríamos nos concentrar. É bom analisar se, efetivamente, nossa vida íntima com Deus, nossa relação com Ele e com Cristo têm se constituído de fato em nossa grande inspiração, isto é, naquilo que nos arrebata e nos movimenta na direção do que pretendemos realizar, em nome da causa que abraçamos. Digo isso porque noto que corremos o risco de nos envolver tanto e com tantas frentes de trabalho, que perdemos a satisfação de participar da própria tarefa. Com o tempo, desaprendemos a orar e nos desligamos da fonte que gera orientação espiritual, devido, muitas vezes, ao excesso de atividades.

Costumo dizer que uma coisa é a vida contemplativa de alguns cristãos e outra, ainda, é a dedicação plena, total, de religiosos que optaram pela vida monástica ou fizeram votos sacerdotais ou de qualquer espécie. Estes vivem de maneira diversa da maioria, uma vez que, feita tal escolha, não precisam se preocupar diariamente com o sustento e a subsistência, embora muitos trabalhem para a própria manutenção, em comunidade. Mesmo assim, não vivem o desafio constante de prover, para si e os familiares, moradia, alimento, educação e cultura, e se isentam do pagamento de contas, impostos e outras coisas mais, pois a organização religiosa mantém tudo isso para eles. Bastante diferente de tudo isso é a situação do cidadão comum, que tem família, trabalho profissional, compromissos sociais e tantos afazeres mais, que não listamos aqui.

Então, se essa mesma pessoa, o cidadão comum, se enche de tarefas no trabalho do bem ou no campo religioso, as quais julga serem essenciais, provavelmente ficará ou se sentirá sobrecarregado. E a tal ponto, que uma parte de sua vida acabará prejudicada, além, é claro, de vir à tona considerável insatisfação íntima, pois não consegue desvencilhar-se de tantos compromissos, a fim de se dedicar às atribuições próprias de cidadão e conciliar os diversos papéis sociais que desempenha.

Em casos como esse, vejo necessidade urgente de o indivíduo reprogramar-se, tanto quanto os dirigentes do trabalho religioso ou espiritual se conscientizarem da situação de seus colaboradores. A vida social e mundana, à qual devemos satisfações, requer atenção ao trabalho profissional, à família, ao esporte, ao lazer e a outros compromissos mais, que devem ser levados em conta quando analisamos a dedicação ao ideal. Ideal não se vive apenas dentro dos limites estreitos da religiosidade ou do trabalho voluntário. O cristão também se forja no convívio com a família, na colaboração para que o ambiente profissional progrida, a fim de serem ofertados mais empregos a quem necessita, e no investimento no lazer, de forma que possa retemperar as emoções e retornar para a tarefa refeito, com novas forças.

A meu ver, é urgente que reflitamos sobre essas questões de maneira pacífica, ou seja, sem nos violentarmos emocionalmente. Viver o cristianismo junto ao grupo de cristãos e daqueles que pretendem sê-lo – isto é, os companheiros de ideal –, talvez não represente muito em termos de aquisições espirituais.[1] O desafio consiste justamente em obedecer ao ensino de Cristo:

[1] Cf. Mt 5:20,46-47.

estar no mundo sabendo que não somos do mundo.[2] Ou seja, entrar na massa, fazer de tudo para dar qualidade aos relacionamentos, em meio ao envolvimento social.

Noto que a questão espiritual está diretamente ligada à forma como vivemos o cotidiano, na medida em que nos envolvemos com todas as questões da vida social e mundana, porém conferindo o máximo de qualidade e sentido espiritual ao que fazemos. Não digo que devamos falar o tempo inteiro de espiritualidade, de nossa religião e coisas do gênero; isso nos faria pessoas intragáveis. Não há nada pior do que isto: não saber se envolver e fazer parte do mundo, não ter outro assunto para conversar; nos transformar, se não em pessoas totalmente avessas ao mundo, em indivíduos desprovidos de qualquer cultura ou saber mais amplo, sem aquisições intelectuais suficientes para sustentar uma boa conversa pelo mínimo de tempo.

Ser cristão, segundo minha maneira de ver, é envolver-se com o mundo, sem necessariamente copiar as coisas ruins ainda comuns em nosso mundo. É saber também que existem muitas coisas boas, muitas experiências construtivas, compensatórias, nobres e de beleza extraordinária, as quais precisam ser exploradas para

[2] Cf. Jo 17:14-18.

nosso bem intelectual e emocional, além de se constituí-
rem em elementos que fomentam o progresso e a cultura individuais. Isso implica deixar de lado as atividades
sociais e beneméritas ou o trabalho de Cristo? De forma
alguma! Mas, ainda no meu modo de pensar, significa
dar a César o que é de César e a Deus, o que é de Deus,[3]
numa interpretação minha, pessoal.

Portanto, quando falamos de reorganizar a vida espiritual e religiosa, quero dizer da necessidade de rever-
mos urgentemente a agenda de tarefas. Ao eleger aquele
trabalho com o qual nos identificamos, não cultivemos
a crença de que é preciso ficar 100% do tempo envolvidos com o trabalho. Porém, seja qual for o tempo de que
dispusermos, aí sim, que fiquem presentes nele 100%
de nós; entreguemo-nos por inteiro, naquele período,
ao serviço que escolhemos. Se pensarmos bem, por um
lado essa proposta é totalmente diferente do que até agora entendemos em matéria de dedicação religiosa ou de
doação integral. Quando dizemos que é preciso dedicar-
-se com total entrega, de maneira incondicional, é para
que estejamos no trabalho dessa forma, de fato − 100%
de nós, com coração, sentindo satisfação tal que, ao en-
cerrarmos aqueles momentos da tarefa, o envolvimen-

---

[3] Cf. Lc 20:25.

to benéfico perdure até quando retomarmos as questões pessoais e os compromissos sociais. Que a lembrança das energias boas que haurimos na atividade fique impregnada em nós, tamanha a satisfação e a gratidão por havermos nos dedicado ao compromisso com Cristo.

E não pensemos que o compromisso com Nosso Senhor termina quando saímos para nos divertir ou viver as questões mundanas, próprias do relacionamento humano. Não, mesmo. O contexto do compromisso com Cristo hoje, no século XXI, talvez seja bem diferente daquele enfrentado pelos cristãos num momento adverso como o que viveram no primeiro século de nossa era. Temos o desafio de nos envolver socialmente levando e representando os valores que apregoamos na instituição benemérita da qual fazemos parte. Se somos trabalhadores, empregados ou patrões, que o sejamos da forma mais honesta e ética possível, em todos os aspectos. Se vamos nos divertir, que levemos tais princípios até o lazer – veja bem, *vivendo* os princípios cristãos, e não resolvendo pregar em ambiente que nada tem a ver com questões religiosas. Que possamos nos divertir e curtir as coisas boas, investindo no belo, na estesia, nas artes ou em outra coisa que nos agrade, mas com dignidade, honradez, satisfação e ética, valores que aprendemos com Cristo e em Cristo. Em outras palavras: nossa forma de lidar com o ser humano, com as pessoas à nossa volta precisa ser o reflexo do que falamos, fizemos ou apregoamos nos momentos em que estivemos 100% de nós, naqueles minutos de dedicação à tarefa abençoada da qual escolhemos participar.

Se não empreendermos um esforço para deixar em nossa agenda um espaço com a finalidade de nos envolvermos e curtirmos as coisas belas e as experiências boas que o mundo oferece para nosso aprendizado, fatalmente seremos pessoas avessas às questões sociais e aos relacionamentos. E são situações que nos dariam a oportunidade de crescer e progredir com o máximo de satisfação, bem como representar a Cristo no mundo, vivendo como embaixadores das estrelas. Isso é trabalho incansável no bem! Onde estivermos, como estivermos ou com quem estivermos, possamos viver de tal maneira antenados, ligados às lições de Cristo, mas vivendo, e não pregando os princípios do seu reino, a ética cristã, cósmica, como queiram denominar.

Lembremos que a família precisa de nós, o mundo precisa de nossa contribuição com o máximo de qualidade e nobreza, a política clama por bons cidadãos, participantes e protagonistas em sua área de atuação, a fim de transformarmos o mundo numa experiência com Cristo. Saibamos vigiar a nós mesmos, pois ainda não atingimos a condição de anjos; é por isso que estamos nesse ambiente ainda conturbado chamado Terra. Abramos nossos olhos e tenhamos olhos de ver, para não nos surpreendermos com situações que possam comprometer nosso trabalho e nossa dedicação a Cristo. Abrir os olhos pode significar ficar atentos às oportunidades e sinuosidades do caminho, mas sem perder de vista aquilo que estamos fazendo; isso é importante, se não fundamental para nossa vida espiritual.

Talvez esta seja a diferença do cristão no mundo presente, quando comparado àqueles que ainda não despertaram para a vida espiritual: a possibilidade aproveitar as coisas boas, as experiências produtivas, de maneira lúcida, atentando para o fato de que estamos no mundo, mas não somos do mundo. Nossa pátria é outra, e aqui estamos não de férias, mas em regime de aprendizado e trabalho. Com esse pensamento, talvez possamos aproveitar melhor nossa opção de vida espiritual, sem medos, sem o peso da culpa, que tanto amarga a vida de muita gente boa por aí.

Recordemos sempre que o Cristo do qual falamos começou seu ministério em meio a uma festa[4] e se envolveu com pessoas consideradas de má vida, de má

[4] Cf. Jo 2:1-11.

fama, mas se envolveu também com as causas e questões sociais. A alegria era constante à sua volta, e Ele vivia bem tanto entre os pobres mais pobres quanto na casa dos ricos de sua época, onde comparecia com frequência para cear, na companhia de seus amigos mais íntimos. Como podemos notar, Ele soube aproveitar as oportunidades que a sociedade da época lhe ofereceu, mas sem ser conivente com questões que pudessem comprometer sua obra, seu ideal.

28

CRISE É DEUS CHAMANDO PARA MUDAR E SIMPLIFICAR

*"Tudo tem o seu tempo determinado,
e há tempo para todo o propósito debaixo do céu.
Há tempo de nascer, e tempo de morrer;
tempo de plantar, e tempo de arrancar
o que se plantou"*
Eclesiastes 3:1-2

HÁ TEMPOS DE BONANÇA, como os há de crises e desafios mais intensos. Nós, os que pretendemos trabalhar por um reino novo, pela obra de Cristo na Terra, não podemos imaginar que as coisas serão indefinidamente como no tempo atual, ou melhor, que o gênero de desafios enfrentados permanecerá o mesmo por longo tempo, sem surpresas, parecido com aquele a que estamos acostumados. Sofremos a influência de todo tipo de alteração que ocorre no âmbito mais amplo de nosso orbe; além disso, sofremos ou sofreremos revezes ao longo do tempo, como qualquer outro ser humano, instituição ou comunidade. Existe uma lei que define a oscilação de tudo quanto existe no universo, à qual damos o nome de lei do ritmo e da harmonia. Estamos todos inseridos nesse contexto, sujeitos ao ritmo de construção e reconstrução do universo.

Entretanto, há como prever as situações mais adversas e desafiadoras e trabalharmos em conjunto, de modo a enfrentar os problemas que surgem em decorrência dessa oscilação, que se faz percebida nos diversos setores da vida humana. Economia, política, saúde, comércio, relações humanas e internacionais: tudo passa por momentos de ascensão e declínio, estabilizando-se de quando em vez, mas sempre exigindo, de nossa parte, um sem-número de atitudes e providências, a fim de que possamos sobreviver ou adaptar-nos à nova etapa de vida, que se inicia justamente quando aquilo que chamamos de crise se estabelece.

É claro que não existe nenhuma fórmula mágica para solucionar as dificuldades que emergem nesses momentos preciosos de aprendizado. No entanto, aprendemos, com o passar do tempo, alguns procedimentos que facilitarão nossa sobrevivência e a de nossas instituições beneméritas perante os desafios vindouros. O primeiro desafio que se impõe é o de encarar a crise, de qualquer natureza, como oportunidade. Sempre existem pessoas ao nosso lado que conseguem ver mais além do que nós mesmos. Por algum mecanismo, o olhar desses indivíduos parece penetrar um pouco mais e enxergar lá na frente, prevendo ou sentindo as oscilações antes mesmo que elas se tornem mais concretas ou graves. Parecem dotados de um sexto sentido e, geralmente, conseguem antecipar providências ou ter intuições de como se precaver nos momentos mais delicados.

As crises evidenciam que chegamos a uma encruzilhada em nossas vidas, com relação a nosso jeito de administrar o que está sob nossa responsabilidade. Elas mostram que é momento de mudar, com urgência. É preciso, então, modificar nosso método, abrir a cabeça e a visão para admitir nova maneira de conduzir as coisas, muitas vezes substituir as pessoas com as quais convivemos no trabalho, migrando-as para outras funções, à medida que nós mesmos expandimos a mente, a fim de perceber o novo momento que vivemos. Senão, corremos o risco de levar à falência o trabalho duramente conquistado. Crise é sempre para melhorar, mudar, corrigir a rota e simplificar ao máximo.

Em minha vida e nas instituições com as quais me envolvi ao longo dos anos, aprendi a identificar, nos momentos de crise econômica e impactos mais severos pelos quais passamos, a mão de Deus falando: É hora de mudar, é hora de simplificar. Confesso que não foi nada fácil para mim chegar à conclusão de que eu teria de abrir mão de determinada pessoa, que, segundo via, era fundamental ao trabalho, assim como me custou bastante abdicar de minha maneira de administrar as tarefas a mim confiadas, reaprendendo, com o máximo de simplificação, uma nova maneira de me portar e conduzir as atividades e as pessoas sob minha liderança. Mas, quando a crise chega – e não há como duvidar de que ela está estabelecida, seja no campo emocional, econômico ou profissional –, as mudanças que não fizemos na hora certa, e em tempo hábil, agora terão de ser feitas com extrema urgência, sob pena de não sobrevivermos empregando métodos antigos em situações novas.

A crise não se estabelece de forma imediata ou surge abruptamente, numa esquina qualquer da vida. Ela só se manifesta quando deixamos de nos cuidar, de nos resguardar ou de tomar as providências necessárias para manter a saúde daquele aspecto da vida. A crise vem devagar, chega de mansinho e, antes que se estabeleça, percebemos os indicadores de que devemos mudar, nos adaptar e aprender novas maneiras de nos conduzirmos. Porém, como nossa rebeldia é frequentemente maior do que nossa visão de futuro, rejeitamos os apelos, as ideias ou mesmo as indicações explícitas e, dominados por certa preguiça, caímos na ilusão de que as coisas se ajeitarão na caminhada. Ledo engano. Trabalhamos para Cristo, porém dentro das limitações e leis do mundo físico, e estamos todos inseridos nesse sistema de aprendizado; não há como escapar a essa realidade.

Se as indicações são para mudar e nos apontam a necessidade de sermos mais dedicados, tomando as rédeas da tarefa nas mãos, não há como adiar tais atitudes sem sofrer mais à frente, nos momentos em que a crise já estará estabelecida. Numa empresa – e o trabalho de Cristo é uma empresa cristã num mundo adverso –, quem conduz a atividade tem de ficar de olho em todos os estágios e situações. Sei que, muitas vezes, isso é difícil quando uma só pessoa está incumbida da direção. Mas precisamos, em caráter de urgência, não somente ter mais alguém com capacidade de administrar ou de ter um olhar aberto para o futuro, medindo oportunidades e dificuldades, como também dar a essa pessoa a liberdade de tomar as decisões sem precisar de nós ou de nosso aval. Caso contrário, corremos o risco de as coisas andarem muito mais lentamente do que exige a proximidade dos momentos desafiadores.

Nem sempre nosso ritmo é compatível com o ritmo imposto pela necessidade da mudança. Muitas vezes temos a mania de centralizar ou, então, nos apegamos de tal maneira ao método como as coisas funcionam que não damos autonomia a outros para realizar as mudanças necessárias, no momento propício. E eis que a crise chega, finalmente. Aí, já não é mais possível adiar decisões. Cabe apenas nos adaptar às novas regras gestadas e impostas pela crise, que já está em pleno andamento.

Compartilho esse ponto de vista não apenas como ideia ou opinião, mas como depoimento de alguém que sobreviveu a inúmeras crises ao longo da vida, tendo visto de perto muita gente competente e boa se deixar levar por esses momentos desafiadores. Digo desafiadores porque sei muito bem, por experiência própria, que, embora as dificuldades enfrentadas em ocasiões assim, as crises só vêm para melhorar. As coisas só pioram quando deixamos de lado as advertências e os indicadores do caminho, como quando não percebemos os sinais evidentes de que precisamos assumir as rédeas ou passar o comando a quem tenha condições de promover as mudanças para nosso sucesso e vitória.

Como podemos ver, a crise conjugal, financeira, profissional ou de saúde constitui oportunidade de mudança de rota e de métodos. No trabalho de Cristo, quando chegam as crises, temos de ver oportunidade urgente de modificar o jeito como o conduzimos. Pessoalmente, interpreto esses momentos difíceis como um grito de Deus para nós, os seus filhos rebeldes, na tentativa de acordar-nos para algo que Ele já está cansado de falar, de diversas maneiras, e não o ouvimos, não o escutamos. Essa é minha interpretação particular acerca das crises que enfrentei e enfrento no trabalho em que me insiro, muito embora cada um tenha sua visão, que merece respeito.

Se porventura a crise já está fazendo parte de sua vida e de seu trabalho, não pense duas vezes. Se já sabe, por intuição ou experiência, que tem de modificar algo, remanejar trabalhadores, mudar para dar mais qualidade à sua atividade ou à sua vida, não demore, pois a crise já se estabeleceu, afinal. Não é isso mesmo? Faça as mudanças com a máxima urgência. É menos importante se acertará ou errará nessa atitude; o fundamental é que algo deve ser feito.

Nesses momentos de intensidade, de abalo ou de crise, não adianta a atitude de reclamar ou de cultivar o apego emocional ao nosso método, às pessoas, ao tipo de condução a que estamos acostumados. Precisamos identificar com urgência aquilo que está frágil, dar mais atenção ao objetivo de nossa ação, às necessidades de mudança, e ter em mente que só resolveremos nossas dificuldades com trabalho e mais trabalho. Mesmo cansados, nos momentos de abalo de nossa estrutura temos de nos dedicar mais. Talvez isso lhe pareça demais, mas me refiro à dedicação em momentos graves, e não em momentos de bonança.

O mesmo vale para todos os âmbitos de nossa vida. Se as emoções ou o relacionamento reclamam atenção, não adie mais. Tome a decisão, aponte para o alvo e invista com mais intensidade naquilo que constitui seu objetivo. Deixe o descanso para outro momento; agora, você precisa resgatar a relação que ameaça sucumbir. Se o trabalho está ameaçado pela crise, trabalhe mais, invista em cursos de capacitação, não para os outros, mas para você. Tire um pouco mais de seu tempo aparentemente livre e se debruce sobre livros especializados, estude, de preferência sob orientação competente, de quem entende mais do que você. Aprimore seus métodos, reflita sobre a necessidade de mudar e tenha a coragem de empreender as mudanças que o farão vitorioso.

Se as economias estão em momentos difíceis, feche a torneira, simplifique tudo imediatamente. Nem tudo precisa ser tão perfeito, tão bonito e tão elegante quanto você acha. Seu patrão é seu cliente. E se é você quem está exigindo tanta coisa e tão grande investimento para seu produto ser o melhor, observe que nem sempre seu cliente pensa como você. Para ele, muitas vezes basta o pouco – ou um pouco menos. Evite gastos, detecte por onde o dinheiro está escapando, tente simplificar inclusive seu gosto, seu desejo em relação ao trabalho que realiza. Como eu disse, feche a torneira por onde escoa o dinheiro.

Depois, trabalhe, trabalhe mais ainda, sem reclamar, pois você já está em crise. E não se culpe, mas resolva o desafio na caminhada. Mude pessoas de lugar, de função; tente, pelo menos. É hora de mexer na equipe, de dar mais fôlego aos trabalhadores e de mostrar e provar que você está se modificando, pois realmente é preciso que você modifique seus métodos, seu jeito, sua atuação.

Converse mais com seus funcionários; muitas vezes eles têm uma visão bastante dilatada a respeito de determinadas tarefas e você pode aprender muito com eles. Mesmo que não goste de um ou outro, converse, divida com alguns deles suas preocupações e peça ajuda. Saia de sua posição de comando. Ser chefe não leva ninguém a nada. O que a empresa precisa é de um líder, que compartilhe o dia a dia dos funcionários. Invista em um curso – quem sabe? –, a fim de que sua visão de vida e de negócios possa se ampliar; e chame, se puder, alguém competente para fazer uma análise mais acurada e detalhada da situação financeira e administrativa da empresa. Talvez você não seja especialista no assunto, a ponto de conseguir fazer um raio-x completo da realidade. Finalmente, invista no otimismo. Não adianta ficar se lamentando, dizendo coisas como quem está cansado, desolado ou com raiva da situação; isso não leva a nada e a lugar nenhum. Ou melhor, leva sim: transmite à sua equipe o mau humor e desestimula qualquer eventual tentativa de ajudar. Afinal, trabalhamos sempre em equipe, e não em uma *eu-quipe*.

Por outro lado, se você não vivencia nenhuma crise e, neste momento, as coisas estão ocorrendo de maneira normal e satisfatória, que tal tirar umas férias, descansar, tomar um fôlego? Já que tudo anda bem, você deve aproveitar para se refazer, repor energias, usufruir de momentos de lazer, pois, como tudo que sobe desce, quando chegar a hora de enfrentar qualquer tipo de crise, você precisará estar bem. Em momentos de crise, geralmente não é possível descansar; nessas ocasiões, temos de produzir em dobro para evitar o fracasso. Portanto, permita-se o lazer, um momento de tranquilidade, em que você possa entrar em contato com a natureza, haurir forças, sabendo que, de acordo com a lei do ritmo e da harmonia, toda a natureza alterna entre momentos de crise e de bonança. Faz parte do sistema divino proporcionar as ocasiões de crise como maneira de incitar à mudança de rota, de atitude, da forma de gerenciar a própria vida. Enfim, crise é chamado a simplificar para sobreviver.

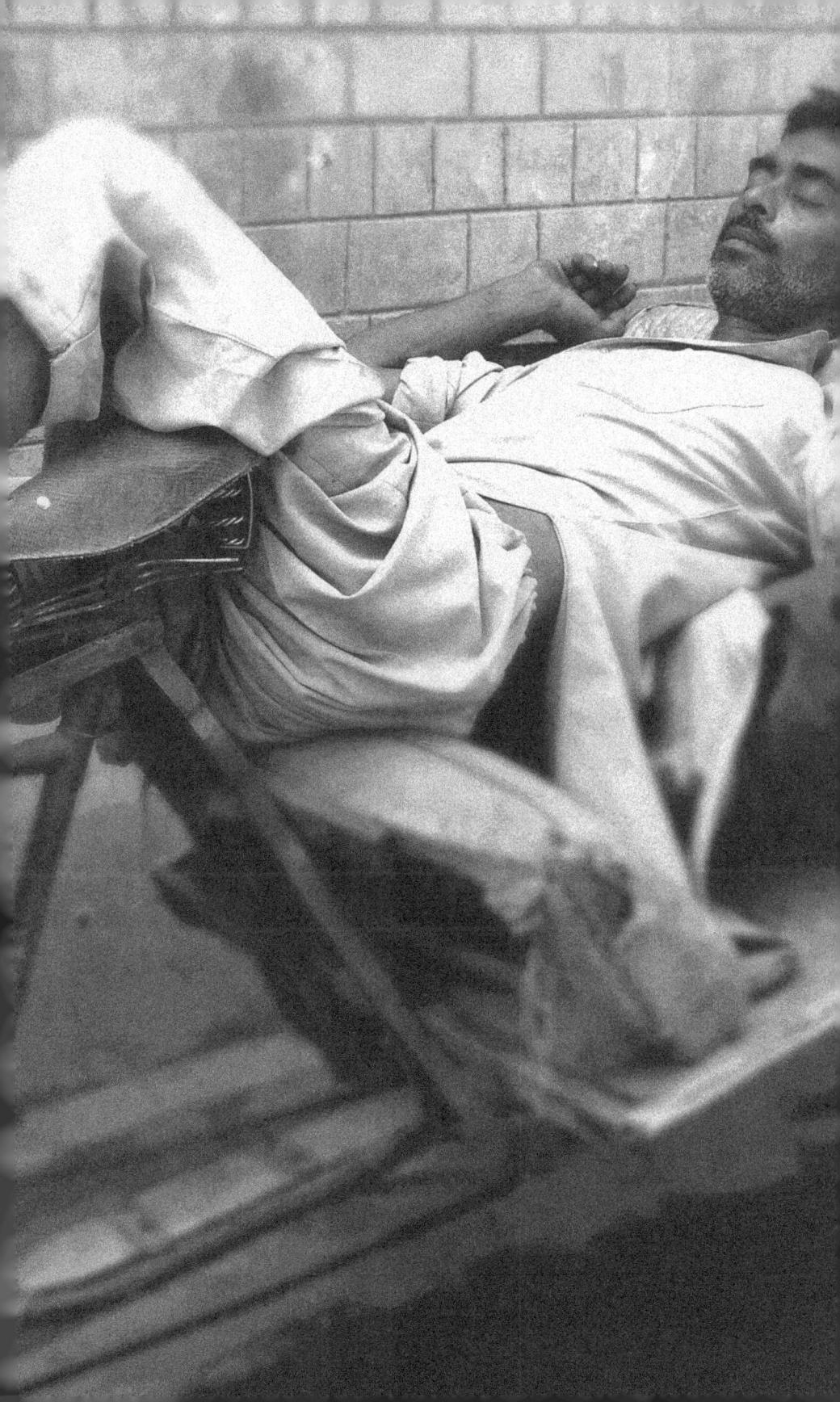

29

O Evangelho é um caminho de mudança, liberdade e prazer

"Todas as coisas me são lícitas, mas nem todas as coisas convêm. Todas as coisas me são lícitas, mas eu não me deixarei dominar por nenhuma."

1 Coríntios 6:12

NTE TANTOS APONTAMENTOS expressos nestas páginas – instigantes, incômodos, cirúrgicos ou que soam como cobrança –, quero refletir sobre certos pontos relativos ao processo de mudança, os quais julgo merecerem especial atenção. Para muitas coisas, para inúmeros questionamentos e mais um tanto de objeções, não temos ainda uma forma direta de equacionar, resolver, apontar soluções. Creio que a melhor forma é tentar. Tentar sempre, não desistir. Pois, de fórmulas prontas, talvez todos nós já estejamos cheios. Principalmente, fórmulas para outros fazerem. Remédios para enfrentar crises que foram elaborados por quem não vive o dia a dia da gente, do povo, do indivíduo a quem se destina a mensagem. Então, não pretendo abordar tais fórmulas mágicas de santificação compulsória, mesmo porque santificar-se não é a solução; pretender tornar-se anjo é, acima de tudo, tremenda falta de respeito com nossas próprias limitações e nossa realidade.

Vejo que muita gente pensa que solucionar questões tão prementes, internas, tidas como urgentes por alguns, significa abrir mão das coisas boas da vida, deixar de compartilhar momentos bons e esconder-se na religião, que muitos usam como máscara. Pois bem, sou de opinião, mesmo tendo abraçado os votos religiosos de forma dedicada durante a vida, que religião não soluciona os problemas que trazemos dentro de nós. Religiosidade não é terapia, e esconder-se por trás da máscara de santidade somente adia o inevitável. A pessoa torna-se, com o tempo, revoltada com o mundo, com a situação social em que vive, com Deus e com a própria religião que abraçou.

Muitos problemas são de ordem psicológica e não exatamente espirituais; outros resultam de emoções oscilantes, decorrentes de situações vividas no passado ou no contexto sociocultural do indivíduo. Existem também os problemas que fazem parte da vida, de acordo com o modelo de sociedade em que vivemos e estamos mergulhados e, para estes, não há soluções que dependam exclusivamente de nós; muitas vezes, nem sequer respostas para os questionamentos que advêm de tais experiências. Simplesmente não há, e pronto.

Confesso que levantei, ao longo dos capítulos, questões que fazem parte de minha própria vida íntima, como ser humano, embora residindo agora em outra dimensão da vida. Desconheço pessoas resolvidas, mesmo aqui onde me encontro. Não vi nenhum santo ou anjo ainda, portanto falo como humana, no verdadeiro sentido da palavra.

Segundo minha experiência de vida, dentro da singeleza de minhas observações, tenho visto que precisamos primeiro identificar o problema, explorar cada detalhe ou nuance dele, a fim de escolher se queremos solucioná-lo ou permanecer em sua companhia. Porque, muitas vezes, determinado problema, algum comportamento ou ponto de vista que alimentamos, embora saibamos que mereça ser reciclado, nós simplesmente não queremos resolver, ao menos por ora. Apenas queremos prosseguir, por algum tempo mais, pois, em alguma medida, tal comportamento, tal visão de vida me é extremamente conveniente, segundo a perspectiva de vida que elegi.

Desse modo, caso chegue à conclusão de que não preciso mudar, de que não quero mudar nem identifico que determinada característica merece ser trabalhada ou modificada dentro de mim, então, por que violentar-me? Somente porque o outro, a religião, os conceitos de espiritualidade dizem que devo me modificar? Qualquer mudança deve e precisa ser feita quando intimamente identificamos o problema ou desafio íntimo e concluímos, por nós mesmos, que precisamos reciclar aquela experiência, atitude, conceito ou pensamento. Senão, qualquer tentativa de mudar será violentar-se em nome de qualquer coisa, menos por nossa própria vontade.

Talvez possam me dizer que, tendo sido uma religiosa, e sobretudo após escrever estas linhas, eu esteja voltando atrás em meus conceitos. E se for preciso voltar? E se for necessário eu me modificar tão intensamente? Que mal há nisso? Mas não é isso o que ocorre. Quando apontei todas as dificuldades e fiz reflexões sobre os problemas, é que eu mesma os identifiquei em mim, no trabalho que represento e que de nenhuma maneira é meu. É que cada coisa que neste livro apontei, eu as vi nos pobres de diversas categorias com os quais lidei e nas pessoas com quem trabalhei. Por isso, afirmei que religião não soluciona questões íntimas, de ordem pessoal, que precisam de reeducação e de detalhado acompanhamento de emoções e pensamentos. Se por acaso religião solucionasse tais problemas, nós, os que fomos ou somos religiosos, não os teríamos em tão grande número e intensidade. Seríamos as pessoas mais bem resolvidas do mundo. Doce ilusão... Não é assim, mesmo.

Uma vez identificado o problema, uma vez conscientes dele, e no momento em que nós próprios decidimos mudar, devido ao processo de amadurecimento, então teremos condições de procurar a metodologia correta, a forma mais próxima do ideal para equacionar os problemas com os quais convivemos.

Quando falo em trabalhar e dedicar-se aos pobres, por exemplo, tem gente simplesmente que não daria certo nesse tipo de trabalho. Há quem se dedique a outro tipo de pobreza, a espiritual, divulgando ideias que edificam; outros, ainda, preferem trabalhar com os pobres de saúde, que reclamam investimento na saúde física, emocional ou mental. O que desejo transmitir, portanto, não é uma única ideia para todos, pois cada um se encaixa, de certa maneira, num aspecto da vida, que, embora diferente na aparência, atinge o mesmo resultado social ou de promoção humana. Para alguns, é difícil conviver com a pobreza; simplesmente não se encaixam num trabalho junto aos pobres, tal como me vi envolvida durante a vida. E temos de respeitar isso, pois cada um terá um papel a cumprir no grande plano divino de evolução das almas. Para enfrentar os diversos problemas íntimos, comportamentais, sociais, econômicos, religiosos ou espirituais, também temos a diversidade de métodos e maneiras. Seja como for, não podemos nos esquecer de um fato: o que constitui problema para alguns, mesmo para mim, pode não ser visto assim, e isso depende da realidade da pessoa que me lê.

Vejo que muita coisa poderia ser devidamente enfrentada – vejam bem, não digo resolvida – por meio de um bom processo terapêutico, um acompanhamento profissional. E como existem religiosos que precisam de terapia!... Como pulula gente convencida de que vive problemas espirituais de grande complexidade, perseguições ou outros, quando, na verdade, necessita é de psiquiatra, psicólogo ou terapeuta eficazes.

Por que deduzir ou acreditar que nossos desafios são todos de origem espiritual? Creio que é porque estamos procurando, com exagerada frequência, transferir a responsabilidade por nossa melhora para o outro ou para o Além. Ao considerar que nossos problemas são de caráter puramente espiritual, cremos ganhar o benefício de poder transferir sua solução a outras pessoas e a outra instância. Longe de mim teorizar que não existem problemas dessa ordem. Defendo é que devemos, ao menos, considerar que em muitos casos urge refazer conceitos, modificar comportamentos e forma de pensar, e para isso é de grande valia submeter-se a uma metodologia que aborde os desafios psíquicos, ser acompanhado por um terapeuta competente, inclusive para aprender a aceitar-nos como somos. Nem tudo deve ser modificado. Às vezes, precisamos entender que somos assim mesmo e, por longo tempo, assim o seremos. E que não é necessário nem benéfico modificar-se para agradar aos outros, mas apenas quando e se o desejarmos. Parece antagônico em relação ao que falei até aqui? Talvez.

Quero dizer que alguns comportamentos que chocam o grupo com o qual convivemos não estão necessariamente errados. Vi muitos casos em que o agrupamento social, a comunidade com a qual lidamos está paralisada no tempo. A comunidade é que necessita de impulso, a fim de melhorar o ponto de vista, as atitudes, os conceitos e a forma de agir. Portanto, reitero: nem sempre é o indivíduo que identificamos como problemático que carece de mudança radical. Observe, meu amigo, que existem dois casos. Aquele em que a pessoa se vê num momento propício de procurar soluções para aquilo que a incomoda, e outro em que a comunidade, seja familiar, seja social, precisa reavaliar seus valores, que andam cristalizados, engessados. Neste caso, a realidade é mais desafiadora.

Com minhas palavras, pretendo dizer que, caso cheguemos à conclusão de que é hora de mudar, precisamos, incluindo-me a mim, identificar em que precisamos mudar, como realizar tal mudança, para que deve ocorrer e qual a melhor forma de nos modificar, com o mínimo de desgaste ou sem violentar-nos a maneira de ser. Porque, quando falamos em mudar nosso comportamento, inclusive em relação ao Evangelho de Cristo e à vivência de seus preceitos, não me refiro a uma mudança compulsória.

Ninguém se torna melhor por decreto. Nenhum santo se tornou referência por decretos religiosos. Existem muitos santos, considerados como tal, que são verdadeiros mendigos espirituais, ao passo que há aqueles que tentam viver com o máximo de coerência aquilo que leem, creem ou divulgam e, embora suas inúmeras dificuldades, manias e mil coisas a mudar, constituem-se efetivamente em heróis da fé. Quando falo em coerência, vejam bem, jamais me refiro à perfeição, a abandonar as coisas boas da vida, as belezas e aspirações mais elegantes e altruístas. Falo em viver com coerência, e não com santidade. Pois que, sendo tão humana quanto aqueles que me leem, sei muito bem quanto é difícil querer parecer aquilo que não somos nem seremos, tão cedo.

Eis aí a beleza do Evangelho de Nosso Senhor. Se a lei nos dita regras a seguir, o Evangelho nos diz que estamos a caminho na medida em que realizamos, em que tentamos, e que temos a eternidade como prazo. Portanto, embora devamos buscar sempre melhorar, ter e cultivar maior qualidade de vida, não podemos pretender ser aquilo que nem Deus exige de nós; isso seria uma violência contra nós mesmos. O Evangelho é libertação. Quando procuramos melhorar em algum aspecto de nossa vida, essa superação tem de ser prazerosa, e não imposta, não impulsionada por opiniões alheias, mas porque a própria pessoa concluiu que é necessária e bem-vinda, mediante as reflexões que desenvolveu.

Espero que meu leitor entenda que a forma como apresento aqui meus pensamentos é somente um método usado para provocar aquilo que os modernos estudantes da mente humana definem como sendo uma tempestade cerebral. Ou seja, trata-se de um método para instigar reflexões nem sempre fáceis, que provavelmente nem faríamos, caso não fôssemos estimulados a isso. Cumpro o papel de alguém que incomoda muito, a fim de que possamos todos, você e eu, de alguma maneira, tomar alguma decisão, acordar da aparente anestesia com a qual nos habituamos. Não para nos tornarmos santos ou vivermos uma vida alheia ao ambiente ao qual estamos acostumados, mas para que façamos alguma coisa por melhorar – simplesmente isso.

Caso queiram saber, sou eu a primeira beneficiada com essas reflexões e, se as faço, não é porque atingi a santidade ou a plenitude. De forma alguma. Tenho cá comigo muitas questões mal resolvidas e outras tantas para as quais não tenho respostas; por ora, me limito a identificá-las em mim e nas pessoas com as quais convivo. Se sou considerada uma santa, sou santa da escuridão, ou seja, meu lado sombra ainda clama por ser desafiado, entendido, enfrentado, e é nessa sombra interna que devo procurar encontrar a beleza que Deus escondeu em mim, um dia. É nesse meu interior que me encontrarei com a maior expressão de Deus que eu posso conceber, o Cristo em nós, esperança da glória.[1]

[1] Cf. Cl 1:27.

ONDE ESTÁ DEUS? Procurei-o nas explicações do sábio, entre os diversos significados das palavras bonitas, nas artes de todos os artistas, no canto de cada cantador, e não o percebi. Aproximei-me dos filósofos; um a um, ofertaram-me definições mais atualizadas da força soberana que rege o universo. Em meio às sutilezas, elucubrações e minúcias, transitei em busca do Ser Imortal. Também andei entre teorias, teoremas e cálculos científicos; ainda assim, não o vislumbrei.

Frequentei reuniões de diversos credos. Passeei, desde a Palestina, pelo restante da Ásia, pelo subcontinente indiano, pela Europa e pelas Américas. Esquadrinhei as crenças de todos os continentes, em sua profusão deslumbrante de manifestações religiosas. Subi ao altar do pontífice, ajoelhei-me ante a cruz fabricada de ouro, erguida na santa capela da Cidade Eterna. Esgueirei-me entre zumbis e li símbolos sagrados não explicados, alguns não compreendidos, e não notei nada que me sugerisse a presença daquele que as religiões pretendem louvar.

Viajei na sombra do mundo e, pelas noites sem fim, persegui a ideia de encontrar a divindade. Contudo, nem mesmo na escuridão consegui percebê-lo, embora a inspiração verdadeira.

Procurei a luz, tracei meu caminho ao sol e me vi singrando mares, desbravando praias e desertos, campos e florestas, vales e montanhas; mesmo aí, um silêncio constrangedor parecia esconder a presença do Divino Arquiteto.

Minha alma escorreu-se toda entre a multidão. Banhei-me nas lágrimas dos aflitos, senti o grito de dor dos oprimidos. Mergulhei nas cavernas da Terra e deixei meu pensamento vasculhar as forças do abismo; também lá não o encontrei como o pretendia.

Deus calou-se, escondeu-se, sem deixar pistas nem rastros facilmente detectáveis. Assim o meu ser todo ansiava por Deus; minha alma sentia sede de Deus, e minha vida toda, repleta de conceitos, ideias, crenças e filosofias, não foi capaz de encontrar a alma do universo, o sentido de toda a vida, o *fiat lux*, o Pai da criação.

Então, como uma pluma, deixei-me ir nas asas do vento; como um balão que murcha, esvaziei-me de tal forma de conceitos, de crenças pessoais, que fiquei por inteiro quase somente uma película de alma, uma célula flutuante entre a sombra e a escuridão ou entre a luz e a claridade. Nesse lusco-fusco da vida, o vento me levou. Para onde me levava a brisa suave das aragens e paisagens perdidas do mundo, eu me deixava conduzir; sem perguntas, sem interferências, deixei-me seduzir pelo sopro que vinha do mar, dos rios e das matas. Esvaziei-me plenamente e senti que era conduzida por uma força invisível, consciente, paternal.

Pousei em choupanas e bangalôs, em casas, mansões e favelas. Como uma folha, fui soprada para as margens do Ganges e, entre ruas estreitas, molhadas, sujas ou marcadas pelos pés daquela gente, eis que pousei novamente na minha saudosa Calcutá.

Ah! Minha querida Calcutá! Em teus becos e ruelas assumi novamente a forma singela que amparou meu pensamento. Foi entre teus casebres, ouvindo o canto choroso, sereno e sutil das dores de todos os seus pobres, que vislumbrei o Deus que tanto eu procurava. Em meio às tuas ruas e ao teu povo desvalido, minha alma se retemperou por inteiro e notei, assim, que Deus estava o tempo inteiro dentro de mim. Procurei-o por todos os lugares; busquei-o além de todos os mares, e foi somente em tuas ruas – Oh! Minha querida Calcutá! – que pude ver Deus se esgueirar nas esquinas das inúmeras vidas, ou Deus me procurar, em lágrimas vertidas, arrancadas, descidas e molhadas como cascata, no meio da multidão.

Calcutá de minha vida; dos meus pobres, da minha gente, dos meus andores. Como te vejo espelhada em todas as cidades deste mundo tão vasto... Como vejo a ti, berço de minha alma, refletida no Brasil, nas Américas, na Ásia da gente esquecida, na África das almas gigantes e sofridas, com tanta poesia escondida em dores e cantares.

Como eu agora vejo no mundo, na vida, em cada recanto, o Deus escondido dentro de mim ou em cada alma, em cada companhia, em cada criança pobre ou rica, em cada gente abastada ou desvalida. Vejo esse Deus escondido, simplesmente, dentro de cada coração.

Hoje elevo meus olhos ao céu, e minha alma procura os montes; meu espírito se delicia em meio às brisas dos oceanos. Transporto-me com o vento e meu pensamento se esvai, tocando aqui e ali, onde Deus eu encontro.

E permaneço, agora, vendo a ti, minha terra, em todas as terras por onde o vejo, e a ti, meu Deus, em todos os deuses de todos os povos, embora eu seja, ainda, a menina, a folha soprada pelo vento, procurando novas calcutás, novas ruelas e guetos para desbravar. Finalmente posso dizer, com a força de minh'alma, que encontrei o Pai escondido, calado, silencioso, adormecido, dentro de cada coração, impregnando cada vida, pelos becos do mundo ou, simplesmente, pelas ruas de Calcutá.

Sou eu, tua filha, Teresa dos pobres, Teresa da escuridão, Teresa de Cristo, Teresa de Deus, Teresa de todos os povos ou, simplesmente...

Teresa de Calcutá

Referências bibliográficas

BÍBLIA de referência Thompson. Tradução contemporânea de João Ferreira de Almeida. São Paulo: Vida, 1998.

BÍBLIA Sagrada. Tradução revisada de João Ferreira de Almeida. São Paulo: Imprensa Bíblica, s.d.

KARDEC, Allan. *O Evangelho segundo o espiritismo*. 120ª ed. Rio de Janeiro: FEB, 2002.

____. *O livro dos espíritos*. 1ª ed. esp. Rio de Janeiro: FEB, 2005.

KOLODIEJCHUK, Brian. *Madre Teresa: venha, seja minha luz.* Rio de Janeiro: Thomas Nelson, 2008.

INTERNET

www.algosobre.com.br/biografias/madre-teresa-de-calcuta.html. Acesso em 10/7/2012.

+ publicações

TAMBORES DE ANGOLA | *Coleção Segredos de Aruanda, vol. 1*
EDIÇÃO REVISTA E AMPLIADA | A ORIGEM HISTÓRICA DA UMBANDA E DO
ESPIRITISMO | ROBSON PINHEIRO *pelo espírito Ângelo Inácio*

O trabalho redentor dos espíritos – índios, negros, soldados, médicos – e de médiuns que enfrentam o mal com determinação e coragem. Nesta edição revista e ampliada, 17 anos e quase 200 mil exemplares depois, Ângelo Inácio revela os desdobramentos dessa história em três capítulos inéditos, que guardam novas surpresas àqueles que se deixaram tocar pelas curimbas e pelos cânticos dos pais-velhos e dos caboclos.

ISBN: 978-85-99818-36-7 • ROMANCE MEDIÚNICO • 2015 • 256 PÁGS. • BROCHURA • 16 X 23CM

ARUANDA | *Coleção Segredos de Aruanda, vol. 2*
UM ROMANCE ESPÍRITA SOBRE PAIS-VELHOS, ELEMENTAIS E CABOCLOS
ROBSON PINHEIRO *pelo espírito Ângelo Inácio*

Por que as figuras do negro e do indígena – pretos-velhos e caboclos –, tão presentes na história brasileira, incitam controvérsia no meio espírita e espiritualista? Compreenda os acontecimentos que deram origem à umbanda, sob a ótica espírita. Conheça a jornada de espíritos superiores para mostrar, acima de tudo, que há uma só bandeira: a do amor e da fraternidade.

ISBN: 978-85-99818-11-4 • ROMANCE MEDIÚNICO • 2004 • 245 PÁGS. • BROCHURA • 16 X 23CM

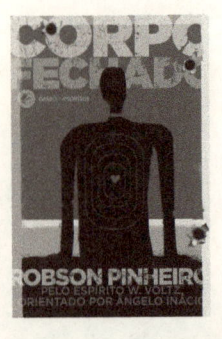

CORPO FECHADO | *Coleção Segredos de Aruanda, vol. 3*
ROBSON PINHEIRO *pelo espírito W. Voltz, orientado pelo
espírito Ângelo Inácio*

Reza forte, espada-de-são-jorge, mandingas e patuás. Onde está a linha divisória entre verdade e fantasia? Campos de força determinam a segurança energética. Ou será a postura íntima? Diante de tantas indagações, crenças e superstições, o espírito Pai João devassa o universo interior dos filhos que o procuram, apresentando casos que mostram incoerências na busca por proteção espiritual.

ISBN: 978-85-87781-34-5 • ROMANCE MEDIÚNICO • 2009 • 303 PÁGS. • BROCHURA • 16 X 23CM

LEGIÃO 1 *Trilogia O Reino das Sombras, vol. 1*
UM OLHAR SOBRE O REINO DAS SOMBRAS
ROBSON PINHEIRO *pelo espírito Ângelo Inácio*

Veja de perto as atividades dos representantes das trevas, visitando as regiões subcrustais na companhia do autor espiritual. Sob o comando dos dragões, espíritos milenares e voltados para o mal, magos negros desenvolvem sua atividade febril, organizando investidas contra as obras da humanidade. Saiba como os enfrentam esses e outros personagens reais e ativos no mundo astral.

ISBN: 978-85-99818-19-0 • ROMANCE MEDIÚNICO • 2006 • 502 PÁGS. • BROCHURA • 14 X 21CM

SENHORES DA ESCURIDÃO | *Trilogia O Reino das Sombras, vol. 2*
ROBSON PINHEIRO *pelo espírito Ângelo Inácio*

Das profundezas extrafísicas, surge um sistema de vida que se opõe às obras da civilização e à política do Cordeiro. Cientistas das sombras querem promover o caos social e ecológico para, em meio às guerras e à poluição, criar condições de os senhores da escuridão emergirem da subcrosta e conduzirem o destino das nações. Os guardiões têm de impedi-los, mas não sem antes investigar sua estratégia.

ISBN: 978-85-87781-31-4 • ROMANCE MEDIÚNICO • 2008 • 676 PÁGS. • BROCHURA • 14 X 21CM

A MARCA DA BESTA | *Trilogia O Reino das Sombras, vol. 3*
ROBSON PINHEIRO *pelo espírito Ângelo Inácio*

Se você tem coragem, olhe ao redor: chegaram os tempos do fim. Não o famigerado fim do mundo, mas o fim de um tempo – para os dragões, para o império da maldade. E o início de outro, para construir a fraternidade e a ética. Um romance, um testemunho de fé, que revela a força dos guardiões, emissários do Cordeiro que detêm a propagação do mal. Quer se juntar a esse exército? A batalha já começou.

ISBN: 978-85-99818-08-4 • ROMANCE MEDIÚNICO • 2010 • 640 PÁGS. • BROCHURA • 14 X 21CM

ALÉM DA MATÉRIA
UMA PONTE ENTRE CIÊNCIA E ESPIRITUALIDADE
ROBSON PINHEIRO *pelo espírito Joseph Gleber*

Exercitar a mente, alimentar a alma. *Além da matéria* é uma obra que une o conhecimento espírita à ciência contemporânea. Um tratado sobre a influência dos estados energéticos em seu bem-estar, que lhe trará maior entendimento sobre sua própria saúde. Físico nuclear e médico que viveu na Alemanha, o espírito Joseph Gleber apresenta mais uma fonte de autoconhecimento e reflexão.

ISBN: 978-85-99818-13-8 • SAÚDE E MEDIUNIDADE • 2003/2011 • 320 PÁGS. • BROCHURA • 16 X 23CM

MEDICINA DA ALMA
SAÚDE E MEDICINA NA VISÃO ESPÍRITA
ROBSON PINHEIRO *pelo espírito Joseph Gleber*

Com a experiência de quem foi físico nuclear e médico, o espírito Joseph Gleber, desencarnado no Holocausto e hoje atuante no espiritismo brasileiro, disserta sobre a saúde segundo o paradigma holístico, enfocando o ser humano na sua integralidade. Edição revista e ampliada, totalmente em cores, com ilustrações inéditas, em comemoração aos 150 anos do espiritismo [1857-2007].

ISBN: 978-85-87781-25-3 • SAÚDE E MEDIUNIDADE • 1997 • 254 PÁGS. • CAPA DURA E EM CORES • 17 X 24CM

A ALMA DA MEDICINA
ROBSON PINHEIRO *pelo espírito Joseph Gleber*

Com a autoridade de um físico nuclear que resolve aprender medicina apenas para se dedicar ao cuidado voluntário dos judeus pobres na Alemanha do conturbado período entre guerras, o espírito Joseph Gleber não deixa espaço para acomodação. Saúde e doença, vida e morte, compreensão e exigência, sensibilidade e firmeza são experiências humanas cujo significado clama por revisão.

ISBN: 978-85-99818-32-9 • SAÚDE E MEDIUNIDADE • 2014 • 416 PÁGS. • BROCHURA • 16 X 23CM

Consciência
EM MEDIUNIDADE, VOCÊ PRECISA SABER O QUE ESTÁ FAZENDO
ROBSON PINHEIRO *pelo espírito Joseph Gleber*

Já pensou entrevistar um espírito a fim de saciar a sede de conhecimento sobre mediunidade? Nós pensamos. Mais do que saciar, Joseph Gleber instiga ao tratar de materialização, corpo mental, obsessões complexas e apometria, além de animismo — a influência da alma do médium na comunicação —, que é dos grandes tabus da atualidade.

ISBN: 978-85-99818-06-0 • SAÚDE E MEDIUNIDADE • 2007 • 288 PÁGS. • BROCHURA • 16 X 23CM

Energia
NOVAS DIMENSÕES DA BIOENERGÉTICA HUMANA
ROBSON PINHEIRO *sob orientação dos espíritos Joseph Gleber, André Luiz e José Grosso*

Numa linguagem clara e direta, o médium Robson Pinheiro faz uso de sua experiência de mais de 25 anos como terapeuta holístico para ampliar a visão acerca da saúde plena, necessariamente associada ao conhecimento da realidade energética. Anexo com exercícios práticos de revitalização energética, ilustrados passo a passo.

ISBN: 978-85-99818-02-2 • SAÚDE E MEDIUNIDADE • 2008 • 238 PÁGS. • BROCHURA • 16 X 23CM

Apocalipse
UMA INTERPRETAÇÃO ESPÍRITA DAS PROFECIAS
ROBSON PINHEIRO *pelo espírito Estêvão*

O livro profético como você nunca viu. O significado das profecias contidas no livro mais temido e incompreendido do Novo Testamento, analisado de acordo com a ótica otimista que as lentes da doutrina espírita proporcionam. O autor desconstrói as imagens atemorizantes das metáforas bíblicas e as decodifica.

ISBN: 978-85-87781-16-1 • JESUS E O EVANGELHO • 1997 • 272 PÁGS. • BROCHURA • 16 X 23CM

A FORÇA ETERNA DO AMOR
ROBSON PINHEIRO *pelo espírito Teresa de Calcutá*

"O senhor não daria banho em um leproso nem por um milhão de dólares? Eu também não. Só por amor se pode dar banho em um leproso". Cidadã do mundo, grande missionária, Nobel da Paz, figura inspiradora e controvertida. Desconcertante, veraz, emocionante: esta é Teresa. Se você a conhece, vai gostar de saber o que pensa; se ainda não, prepare-se, pois vai se apaixonar. Pela vida.

ISBN: 978-85-87781-38-3 • AUTOCONHECIMENTO • 2009 • 318 PÁGS. • BROCHURA • 16 X 23CM

PELAS RUAS DE CALCUTÁ
ROBSON PINHEIRO *pelo espírito Teresa de Calcutá*

"Não são palavras delicadas nem, tampouco, a repetição daquilo que você deseja ouvir. Falo para incomodar". E é assim, presumindo inteligência no leitor, mas também acomodação, que Teresa retoma o jeito contundente e controvertido e não poupa a prática cristã de ninguém, nem a dela. Duvido que você possa terminar a leitura de *Pelas ruas de Calcutá* e permanecer o mesmo.

ISBN: 978-85-99818-23-7 • AUTOCONHECIMENTO • 2012 • 368 PÁGS. • BROCHURA • 16 X 23CM

MULHERES DO EVANGELHO
E OUTROS PERSONAGENS TRANSFORMADOS PELO ENCONTRO COM JESUS
ROBSON PINHEIRO *pelo espírito Estêvão*

A saga daqueles que tiveram suas vidas transformadas pelo encontro com Jesus, contadas por quem viveu na Judeia dos tempos do Mestre. O espírito Estêvão revela detalhes de diversas histórias do Evangelho, narrando o antes, o depois e o que mais o texto bíblico omitiu a respeito da vida de personagens que cruzaram os caminhos do Rabi da Galileia.

ISBN: 978-85-87781-17-8 • JESUS E O EVANGELHO • 2005 • 208 PÁGS. • BROCHURA • 14 X 21CM

Os espíritos em minha vida
ROBSON PINHEIRO *editado por Leonardo Möller*

Relacionar-se com os espíritos. Isso é mediunidade, muito mais do que simples fenômenos. A trajetória de um médium e sua sintonia com os Imortais. As histórias, as experiências e os espíritos na vida de Robson Pinheiro. Inclui CD: os espíritos falam na voz de Robson Pinheiro: Joseph Gleber, José Grosso, Palminha, Pai João de Aruanda, Zezinho e Exu Veludo.

ISBN: 978-85-87781-32-1 • MEMÓRIAS • 2008 • 380 PÁGS. • BROCHURA • 16 X 23CM

Os dois lados do espelho
ROBSON PINHEIRO *pelo espírito de sua mãe Everilda Batista*

Às vezes, o contrário pode ser certo. Questione, duvide, reflita. Amplie a visão sobre a vida e sobre sua evolução espiritual. Aceite enganos, trabalhe fraquezas. Não desvie o olhar de si mesmo. Descubra seu verdadeiro reflexo, dos dois lados do espelho. Everilda Batista, pelas mãos de seu filho Robson Pinheiro. Lições da mãe e da mulher, do espírito e da serva do Senhor. Uma amiga, uma professora nos dá as mãos e nos convida a pensar.

ISBN: 978-85-99818-22-0 • AUTOCONHECIMENTO • 2004/2012 • 208 PÁGS. • BROCHURA • 16 X 23CM

Sob a luz do luar
UMA MÃE NUMA JORNADA PELO MUNDO ESPIRITUAL
ROBSON PINHEIRO *pelo espírito de sua mãe Everilda Batista*

Um clássico reeditado, agora em nova edição revista. Assim como a Lua, Everilda Batista ilumina as noites em ajuda às almas necessitadas e em desalento. Participando de caravanas espirituais de auxílio, mostra que o aprendizado é contínuo, mesmo depois desta vida. Ensina que amar e servir são, em si, as maiores recompensas da alma. E que isso é a verdadeira evolução.

ISBN: 978-85-87781-35-2 • ROMANCE MEDIÚNICO • 1998 • 264 PÁGS. • BROCHURA • 14 X 21CM

O PRÓXIMO MINUTO
ROBSON PINHEIRO *pelo espírito Ângelo Inácio*

Um grito em favor da liberdade, um convite a rever valores, a assumir um ponto de vista diferente, sem preconceitos nem imposições, sobretudo em matéria de sexualidade. Este é um livro dirigido a todos os gêneros. Principalmente àqueles que estão preparados para ver espiritualidade em todo comportamento humano. É um livro escrito com coração, sensibilidade, respeito e cor. Com todas as cores do arco-íris.

ISBN: 978-85-99818-24-4 • ROMANCE MEDIÚNICO • 2012 • 473 PÁGS. • BROCHURA • 16 X 23CM

CREPÚSCULO DOS DEUSES
UM ROMANCE HISTÓRICO SOBRE A VINDA
DOS HABITANTES DE CAPELA PARA A TERRA
ROBSON PINHEIRO *pelo espírito Ângelo Inácio*

Extraterrestres em visita à Terra e a vida dos habitantes de Capela ontem e hoje. A origem dos dragões – espíritos milenares devotados ao mal –, que guarda ligação com acontecimentos que se perdem na eternidade. Um romance histórico que mistura cia, fbi, ações terroristas e lhe coloca frente a frente com o iminente êxodo planetário: o juízo já começou.

ISBN: 978-85-99818-09-1 • ROMANCE MEDIÚNICO • 2002 • 403 PÁGS. • BROCHURA • 16 X 23CM

MAGOS NEGROS
MAGIA E FEITIÇARIA SOB A ÓTICA ESPÍRITA
ROBSON PINHEIRO *pelo espírito Pai João de Aruanda*

O Evangelho conta que Jesus amaldiçoou uma figueira, que dias depois secou até a raiz. Por qual razão a personificação do amor teria feito isso? Você acredita em feitiçaria? – eis a pergunta comum. Mas será a pergunta certa? Pai João de Aruanda, pai-velho, ex-escravo e líder de terreiro, desvenda os mistérios da feitiçaria e da magia negra, do ponto de vista espírita.

ISBN: 978-85-99818-10-7 • AUTOCONHECIMENTO • 2011 • 394 PÁGS. • CAPA DURA • 16 X 23CM

Negro
Robson Pinheiro *pelo espírito Pai João de Aruanda*

A mesma palavra para duas realidades diferentes. Negro. De um lado, a escuridão, a negação da luz e até o estigma racial. De outro, o gingado, o saber de um povo, a riqueza de uma cultura e a história de uma gente. Em Pai João, a sabedoria é negra, porque nascida do cativeiro; a alma é negra, porque humana – mistura de bem e mal. As palavras e as lições de um negro-velho, em branco e preto.

ISBN: 978-85-99818-14-5 • AUTOCONHECIMENTO • 2011 • 256 PÁGS. • CAPA DURA • 16 X 23CM

Sabedoria de preto-velho
Reflexões para a libertação da consciência
Robson Pinheiro *pelo espírito Pai João de Aruanda*

Ainda se escutam os tambores ecoando em sua alma; ainda se notam as marcas das correntes em seus punhos. Sinais de sabedoria de quem soube aproveitar as lições do cativeiro e elevar-se nas asas da fé e da esperança. Pensamentos, estórias, cantigas e conselhos na palavra simples de um pai-velho. Experimente sabedoria, experimente Pai João de Aruanda.

ISBN: 978-85-99818-05-3 • AUTOCONHECIMENTO • 2003 • 187 PÁGS. • BROCHURA COM ACABAMENTO EM ACETATO • 16 X 23CM

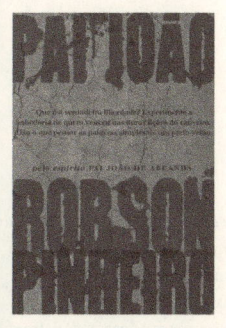

Pai João
Libertação do cativeiro da alma
Robson Pinheiro *pelo espírito Pai João de Aruanda*

Estamos preparados para abraçar o diferente? Qual a sua disposição real para escolher a companhia daquele que não comunga os mesmos ideais que você e com ele desenvolver uma relação proveitosa e pacífica? Se sente a necessidade de empreender tais mudanças, matricule-se na escola de Pai João. E venha aprender a verdadeira fraternidade. Dão o que pensar as palavras simples de um preto-velho.

ISBN: 978-85-87781-37-6 • AUTOCONHECIMENTO • 2005 • 256 PÁGS. • BROCHURA COM CAIXA • 16 X 23CM

QUIETUDE
ROBSON PINHEIRO *pelo espírito Alex Zarthú*

Faça as pazes com as próprias emoções.
Com essa proposta ao mesmo tempo tão singela e tão abrangente, Zarthú convida à quietude. Lutar com os fantasmas da alma não é tarefa simples, mas as armas a que nos orienta a recorrer são eficazes. Que tal fazer as pazes com a luta e aquietar-se?

ISBN: 978-85-99818-31-2 • AUTOCONHECIMENTO • 2014 • 192 PÁGS. • CAPA FLEXÍVEL • 17 x 24CM

SERENIDADE
ROBSON PINHEIRO *pelo espírito Alex Zarthú*

Já se disse que a elevação de um espírito se percebe no pouco que fala e no quanto diz. Se é assim, Zarthú é capaz de pôr em xeque nossa visão de mundo sem confrontá-la; consegue despertar a reflexão e a mudança em poucos e leves parágrafos, em uma ou duas páginas. Venha conquistar a serenidade.

ISBN: 978-85-99818-27-5 • AUTOCONHECIMENTO • 1999/2013 • 176 PÁGS. • BROCHURA • 17 x 24CM

SUPERANDO OS DESAFIOS ÍNTIMOS
A NECESSIDADE DE TRANSFORMAÇÃO INTERIOR
ROBSON PINHEIRO *pelo espírito Alex Zarthú*

No corre-corre das cidades, a angústia e a ansiedade tornaram-se tão comuns que parecem normais, como se fossem parte da vida humana na era da informação; quem sabe um preço a pagar pelas comodidades que os antigos não tinham? A serenidade e o equilíbrio das emoções são artigos de luxo, que pertencem ao passado. Essa é a realidade que temos de engolir? É hora de superar desafios íntimos.

ISBN: 978-85-87781-24-6 • AUTOCONHECIMENTO • 2000 • 200 PÁGS. • BROCHURA COM SOBRECAPA EM PAPEL VEGETAL COLORIDO • 14 X 21CM

CIDADE DOS ESPÍRITOS | *Trilogia Os Filhos da Luz, vol.1*
ROBSON PINHEIRO *pelo espírito Ângelo Inácio*

Onde habitam os Imortais, em que mundo vivem os guardiões da humanidade?
É um sonho? Uma miragem? Não! É Aruanda, a cidade dos espíritos, onde
orientadores evolutivos do mundo vivem, trabalham e, de lá, partem para
amparar, socorrer, influenciando os destinos dos homens muito mais do
que estes imaginam.

ISBN: 978-85-99818-25-1 • ROMANCE MEDIÚNICO • 2013 • 460 PÁGS. • BROCHURA • 16 X 23CM

OS GUARDIÕES | *Trilogia Os Filhos da Luz, vol.2*
ROBSON PINHEIRO *pelo espírito Ângelo Inácio*

Se a justiça é a força que impede a propagação do mal, há de ter seus agentes.
Quem são os guardiões? A quem é confiada a responsabilidade de representar
a ordem e a disciplina, de batalhar pela paz? Cidades espirituais tornam-se escolas
que preparam cidadãos espirituais. Os umbrais se esvaziam; decretou-se o fim
da escuridão. E você, como porá em prática sua convicção em dias melhores?

ISBN: 978-85-99818-28-2 • ROMANCE MEDIÚNICO • 2013 • 474 PÁGS. • BROCHURA • 16 X 23CM

OS IMORTAIS | *Trilogia Os Filhos da Luz, vol.3*
ROBSON PINHEIRO *pelo espírito Ângelo Inácio*

Os espíritos nada mais são que as almas dos homens que já morreram.
Os Imortais ou espíritos superiores também já tiveram seus dias sobre a
Terra, e a maioria deles ainda os terá. Portanto, são como irmãos maisve-
lhos, gente mais experiente, que desenvolveu mais sabedoria, sem deixar,
por isso, de ser humana. Por que haveria, então, entre os espiritualistas
tanta dificuldade em admitir esse lado humano? Por que a insistência em
ver tais espíritos apenas como seres de luz, intocáveis, venerandos, angé-
licos, até, completamente descolados da realidade humana?

ISBN: 978-85-99818-29-9 • ROMANCE MEDIÚNICO • 2013 • 443 PÁGS. • BROCHURA • 16 X 23CM

Encontro com a vida
Robson Pinheiro *pelo espírito Ângelo Inácio*

"Todo erro, toda fuga é também uma procura." Apaixone-se por Joana, a personagem que percorre um caminho tortuoso na busca por si mesma. E quem disse que não há uma nova chance à espreita, à espera do primeiro passo? Uma narrativa de esperança e fé — fé no ser humano, fé na vida. Do fundo do poço, em meio à venda do próprio corpo e à dependência química, ressurge Joana. Fé, romance, ajuda do Além e muita perseverança são os ingredientes dessa jornada. Emocione-se... Encontre-se com Joana, com a vida.

ISBN: 978-85-99818-30-5 • ROMANCE MEDIÚNICO • 2001/2014 • 304 PÁGS. • BROCHURA • 16 X 23CM

Canção da esperança
A TRANSFORMAÇÃO DE UM JOVEM QUE VIVEU COM AIDS
Robson Pinheiro *pelo espírito Franklim*
CONTÉM ENTREVISTA E CANÇÕES COM O ESPÍRITO CAZUZA.

O diagnóstico: soropositivo. A aids que se instala, antes do coquetel e quando o preconceito estava no auge. A chegada ao plano espiritual e as descobertas da vida que prossegue. Conheça a transformação de um jovem que fez da dor, aprendizado do obstáculo, superação. Uma trajetória cheia de coragem, que é uma lição comovente e um jato de ânimo em todos nós. Prefácio pelas mãos de Chico Xavier.

ISBN: 978-85-99818-33-6 • ROMANCE MEDIÚNICO • 1995/2002/2014 • 320 PÁGS. • BROCHURA • 16 x 23CM

Faz parte do meu show
A TRAJETÓRIA DE UM ARTISTA EM BUSCA DE SI MESMO
Robson Pinheiro *orientado pelo espírito Ângelo Inácio*

Um livro que fala de coragem, de arte, de música da alma, da alma do rock e do rock das almas. Deixe-se encantar por quem encantou multidões. Rebeldia somada a sexo, drogas e muito *rock'n'roll* identificam as pegadas de um artista que curtiu a vida do seu jeito: como podia e como sabia. Orientado pelo autor de *A marca da besta*.

ISBN: 978-85-99818-07-7 • ROMANCE MEDIÚNICO • 2004/2010 • 181 PÁGS. • BROCHURA • 14 X 21CM

O FIM DA ESCURIDÃO | *Série Crônicas da Terra, vol.1*
REURBANIZAÇÕES EXTRAFÍSICAS
ROBSON PINHEIRO *pelo espírito Ângelo Inácio*

Os espíritos milenares que se opõem à política divina do Cordeiro – do *amai-vos uns aos outros* – enfrentam neste exato momento o fim de seu tempo na Terra. É o sinal de que o juízo se aproxima, com o desterro daquelas almas que não querem trabalhar por um mundo baseado na ética, no respeito e na fraternidade.

ISBN: 978-85-99818-21-3 • ROMANCE MEDIÚNICO • 2012 • 400 PÁGS. • BROCHURA • 16 X 23CM

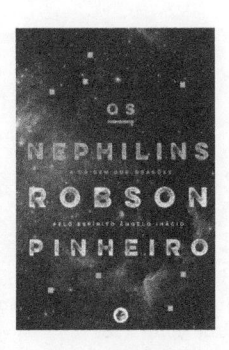

OS NEPHILINS | *Série Crônicas da Terra, vol.2*
A ORIGEM DOS DRAGÕES
ROBSON PINHEIRO *pelo espírito Ângelo Inácio*

Receberam os humanoides a contribuição de astronautas exilados em nossa mocidade planetária, como alegam alguns pesquisadores? Podem não ser Enki e Enlil apenas deuses sumérios, mas personagens históricos? Desse universo em que fatalmente se entrelaçam ficção e realidade, mito e fantasia, ciência e filosofia, emerge uma história que mergulha nos grandes mistérios.

ISBN: 978-85-99818-34-3 • ROMANCE MEDIÚNICO • 2014 • 480 PÁGS. • BROCHURA • 16 X 23CM

O AGÊNERE | *Série Crônicas da Terra, vol.3*
ROBSON PINHEIRO *pelo espírito Ângelo Inácio*

Há uma grande batalha em curso. Sabemos que não será sem esforço o parto da nova Terra, da humanidade mais ciente de suas responsabilidades, da bíblica Jerusalém. A grande pergunta: com quantos soldados e guardiões do eterno bem podem contar os espíritos do Senhor, que defendem os valores e as obras da civilização?

ISBN: 978-85-99818-35-0 • ROMANCE MEDIÚNICO • 2015 • 384 PÁGS. • BROCHURA • 16 X 23CM

Os abduzidos | *Série Crônicas da Terra, vol. 4*
Robson Pinheiro *pelo espírito Ângelo Inácio*

A vida extraterrestre provoca um misto de fascínio e temor. Sugere explicações a avanços impressionantes, mas também é fonte de ameaças concretas. Em paralelo, Jesus e a abdução de seus emissários próximos, todos concorrendo para criar uma só civilização: a humanidade.

ISBN: 978-85-99818-37-4 • ROMANCE MEDIÚNICO • 2015 • 464 PÁGS. • BROCHURA • 16 X 23CM

Você com você
Marcos Leão *pelo espírito Calunga*

Palavras dinâmicas, que orientam sem pressionar, que incitam à mudança sem engessar nem condenar, que iluminam sem cegar. Deixam o gosto de uma boa conversa entre amigos, um bate-papo recheado de humor e cheiro de coisa nova no ar. Calunga é sinônimo de irreverência, originalidade e descontração.

ISBN: 978-85-99818-20-6 • AUTOAJUDA • 2011 • 176 PÁGS. • CAPA FLEXÍVEL • 16 X 23CM

Trilogia O reino das sombras | *Edição definitiva*
Robson Pinheiro *pelo espírito Ângelo Inácio*

As sombras exercem certo fascínio, retratado no universo da ficção pela beleza e juventude eterna dos vampiros, por exemplo. Mas e na vida real? Conheça a saga dos guardiões, agentes da justiça que representam a administração planetária. Edição de luxo acondicionada em lata especial. Acompanha entrevista com Robson Pinheiro, em cd inédito, sobre a trilogia que já vendeu 200 mil exemplares.

ISBN: 978-85-99818-15-2 • ROMANCE MEDIÚNICO • 2011 • LATA COM *LEGIÃO, SENHORES DA ESCURIDÃO, A MARCA DA BESTA* E CD CONTENDO ENTREVISTA COM O AUTOR

Responsabilidade Social

A CASA DOS ESPÍRITOS nasceu, na verdade, como um braço da Sociedade Espírita Everilda Batista, instituição beneficente situada em Contagem, MG. Alicerçada nos fundamentos da doutrina espírita, expostos nos livros de Allan Kardec, a Casa de Everilda sempre teve seu foco na divulgação das ideias espíritas, apresentando-as como caminho para libertar a consciência e promover o ser humano. Romper preconceitos e tabus, renovando e transformando a visão da vida: eis a missão que a cumpre com cursos de estudo do espiritismo, palestras, tratamentos espirituais e diversas atividades, todas gratuitas e voltadas para o amparo da comunidade. Eis também os princípios que definem a linha editorial da Casa dos Espíritos. É por isso que, para nós, responsabilidade social não é uma iniciativa isolada, mas um compromisso crucial, que está no DNA da empresa. Hoje, ambas instituições integram, juntamente com a Clínica Holística Joseph Gleber e a Aruanda de Pai João, o projeto denominado Universidade do Espírito de Minas Gerais — UniSpiritus —, voltado para a educação em bases espirituais [*www.everildabatista.org.br*].